公開草案から読み解く

新リース会計基準(案)の実務対応

公認会計士 井上 雅彦 ／ 公認会計士 藤井 義大 共著

税務研究会出版局

はしがき

「原則すべてのリースをオンバランスへ」、そのような会計基準の公開草案が公表された（企業会計基準委員会（ASBJ）から2023年5月に公表）。

国際会計基準（IFRS）との整合を図ったこの「公開草案（新会計基準案）」は、実務に大きなインパクトがある。

多くの店舗をリースで賃借するケースや、航空機や船舶等の大型輸送機関連リース、さらには、不動産関連賃貸借なども含め従来オンバランスしてこなかった取引等に関しても企業等はオンバランスを検討することになる。

経営面においても、各種財務指標や経営指標に直結し、企業評価や経営戦略にも影響を及ぼす。企業価値を高める観点から、資産効率や投資効率を強く意識した経営やオペレーションが一層要求されてくる。

あわせて、経営管理、業務プロセス、内部統制、システム対応にまで波及するため、実務対応のための準備が実務上の大きな課題となる。

公開草案によれば基準適用は最も早くて2026年度が想定されている。公開草案を適用した場合の実務上の大きなインパクトを考慮すれば、企業等は可能な限り早く準備を検討する必要があり、公開草案公表の段階で、本書を上梓する要請があるものと判断した。

このような主旨で執筆した本書は、徹底的に「実務対応」にこだわった。

第1部では、公開草案のポイントや勘所を解説しているが、実務対応に役立つ論点の解説や公開草案の掘り下げに注力した。その際、事例、計算例、図表を多用し、実務論点にもふれることで読者の理解に資することを目指した。

第2部では、第1章で公開草案を実務に適用するための準備をするにあたり、重要な実務上の論点を説明している。それを受けて第2章で、会計実務に落とし込むにあたり重要な論点をとりあげてQ&A形式で解説している。

本書は、読者として比較的広い層を想定している。企業等の経営層の方々、及び企画、経理、財務、総務等の各部署の責任者、担当者、リース会社を含む貸手の経営層の方々、営業担当の責任者や担当者の方々等広く実務に携わる方々が第一の想定である。次に、企業等のガバナンスに関わる方々、投資家やアナ

i

リストの方々、公認会計士、税理士等の専門家の方々等にも本書がお役に立てることを期待している。

　本書の記述のうち意見にわたる箇所はすべて執筆者2人の個人の意見であり、筆者が所属する法人の見解とは全く関係ないことを申し添える。

　本書が少しでもリースに関わる読者の皆様のお役に立てれば幸甚である。

2023年（令和5年）11月
公認会計士　井上雅彦
公認会計士　藤井義大

　第1部及び第2部の記載事項は、あくまで公表された「公開草案」をベースにして記述しております。公開草案が最終的に基準化される過程で当然に加筆や削除など修正がはいることが想定されます。したがって、最終的なご理解やご判断にあたっては、最終の会計基準をご確認頂くようお願い申し上げます。

目　次

第1部　公開草案の徹底解説

第1章　公開草案の策定方針及び適用範囲 ……………………… 2

1 従来の基準と公開草案との主たる相違 ……………………………… 3
2 公開草案の策定方針 ………………………………………………… 7
3 公開草案の適用範囲 ………………………………………………… 9

第2章　リースの識別 …………………………………………… 11

1 リースの定義 ………………………………………………………… 11
2 リースの識別 ………………………………………………………… 13
3 リースの識別に関する事例検討 …………………………………… 21

　事例1　輸送車両：資産を他の資産に代替する権利が実質的であるケース
　　　　　 ……………………………………………………………… 21

　事例2　販売区画：資産を他の資産に代替する権利が実質的でないケース
　　　　　 ……………………………………………………………… 22

　事例3　熱供給プラント：稼働能力部分が特定された資産に該当する
　　　　　ケース ……………………………………………………… 24

　事例4　電力：使用方法が契約で定められており、顧客が資産の使用を
　　　　　指図する権利を有していないケース ………………………… 26

　事例5　売電：顧客が資産の使用を指図する権利を有しているケース … 28

4 リースを構成する部分とリースを構成しない部分との区分 …………… 29

　事例6　リースを構成する部分とリースを構成しない部分への対価の
　　　　　配分（借手） ………………………………………………… 36

iii

目 次

第3章　リース期間 ・・・・・・・・・・・・・・・・・・・・・・・・・・ 40

1　借手のリース期間の決め方 ・・・・・・・・・・・・・・・・・・・・・ 40

2　実務上の懸念とその対応 ・・・・・・・・・・・・・・・・・・・・・・ 43

3　リース期間中におけるリース期間の見直し・・・・・・・・・・・ 45

4　貸手のリース期間・・・・・・・・・・・・・・・・・・・・・・・・・・・ 46

5　事例等に基づく具体的な借手のリース期間の決定方法 ・・・・・・・・・ 46

　　事例7　延長オプションを行使することが合理的に確実である場合 ・・・・・ 47

6　リース期間についての実務上の留意事項 ・・・・・・・・・・・・ 50

第4章　借手のリース　その1
　　　　借手の会計処理の全体像とその影響・・・・・・・・・・・・・ 51

1　借手の当初の会計処理 ・・・・・・・・・・・・・・・・・・・・・・・ 51

2　借手の会計処理のイメージ ・・・・・・・・・・・・・・・・・・・・ 52

3　従来のオペレーティング・リースへの影響・・・・・・・・・・・ 53

4　経営管理指標、財務指標等への影響 ・・・・・・・・・・・・・・・ 54

5　借手の貸借対照表に係る会計処理ステップ・・・・・・・・・・・ 55

第5章　借手のリース　その2
　　　　使用権資産とリース負債の計上 ・・・・・・・・・・・・・・・ 56

1　公開草案の定め・・・・・・・・・・・・・・・・・・・・・・・・・・・ 56

2　従来の基準におけるファイナンス・リースとの異同 ・・・・・・・・・ 57

3　借手のリース料・・・・・・・・・・・・・・・・・・・・・・・・・・・ 61

4　使用権資産及びリース負債計上に伴う実務上の留意事項 ・・・・・・・・ 65

第6章　借手のリース　その3
　　　　使用権資産の償却・・・・・・・・・・・・・・・・・・・・・・・ 67

1　従来の基準の定め・・・・・・・・・・・・・・・・・・・・・・・・・ 67

2　公開草案の定め・・・・・・・・・・・・・・・・・・・・・・・・・・・ 67

		目　次

3　公開草案において従来の基準から変更した点……………………… 69

4　使用権資産の減損等に係る実務上の留意事項…………………… 70

第7章　借手のリース　その4
　　　　短期リース及び少額リースに関する簡便的な取扱い…… 71

1　従来の基準の定め…………………………………………………… 71

2　公開草案の取扱い…………………………………………………… 73

3　数値例による借手の会計処理（原則法及び簡便的な取扱い）………… 79

　　事例8　数値例による借手の会計処理（原則法及び簡便的な取扱い）… 79

第8章　借手のリース　その5
　　　　リースの契約条件の変更 …………………………………… 87

1　リースの契約条件の変更とは ……………………………………… 87

2　契約条件の変更に係る会計処理 …………………………………… 87

3　契約条件の変更に係る数値例による会計処理…………………… 91

　　事例9　契約条件の変更（リース範囲縮小及びリース単価増額）…… 91

　　事例10　契約条件の変更（契約期間の延長）…………………… 94

第9章　借手のリース　その6
　　　　リースの契約条件の変更を伴わないリース負債の見直し… 97

1　リースの契約条件の変更を伴わないリース負債の見直しに係る公開草
　　案の定め ……………………………………………………………… 97

2　リース期間に変更がある場合（ 1 の(1)）の取扱い ……………… 98

3　借手のリース期間に変更がなく借手のリース料に変更がある場合
　　（ 1 の(2)）の取扱い ………………………………………………… 99

4　短期リースに係る借手のリース期間の変更……………………… 100

5　リース負債の見直し時に用いる割引率 …………………………… 101

6　リースの契約条件の変更を伴わないリース負債の見直しに係る数値例
　　による会計処理……………………………………………………… 102

v

目　次

　　　事例11　リースの契約条件の変更を伴わないリース負債の見直し ……　102

　7　リース負債の見直し等に伴う実務上の留意事項 ………………………　105

第10章　借手のリース　その7
再リースの取扱い……………………………………………………………　106

　1　IFRS16における原則的な考え方………………………………………………　106

　2　公開草案における考え方の根拠 ……………………………………………　106

　3　再リースに係る実務上の留意事項 ………………………………………　107

第11章　借手のリース　その8
借地権に係る権利金等 ……………………………………………………　108

　1　借地権に係る権利金等の取扱い ……………………………………………　108

　2　借地権等の減価償却 …………………………………………………………　109

　3　資産除去債務 …………………………………………………………………　113

第12章　借手のリース　その9
建設協力金等の差入預託保証金 ……………………………………　114

　1　建設協力金等 …………………………………………………………………　114

　2　敷　　金 ………………………………………………………………………　116

第13章　貸手のリース ……………………………………………………………　118

　1　貸手の会計処理の基本的な考え方 ………………………………………　118

　2　公開草案での改正点等 ………………………………………………………　118

　3　貸手のリースに係る主な実務上の留意事項………………………………　121

第14章　サブリース ………………………………………………………………　129

　1　サブリースとは…………………………………………………………………　129

　2　サブリースの実務事例 ………………………………………………………　129

　3　サブリースの会計処理の考え方 …………………………………………　130

vi

4	サブリースの原則的な会計処理	……	131
5	サブリースの例外的な取扱いと会計処理	……	133
6	転リースに係る事例による会計処理	……	139
	事例12 転リースにおける中間的な貸手の会計処理		139
7	サブリース取引に関する実務上の留意事項	……	141

第15章 セール・アンド・リースバック取引 …… 142

1	セール・アンド・リースバック取引とは	……	142
2	セール・アンド・リースバック取引に係る従来の基準の定め	……	143
3	法人税法の定め	……	143
4	公開草案の定め	……	145
5	セール・アンド・リースバック取引に関する実務上の留意事項	……	152

第16章 開 示 …… 153

1	表 示	……	153
2	注記事項	……	156
3	連結財務諸表を作成している場合の個別財務諸表における表示及び 注記事項	……	171
4	開示に関する実務上の留意事項	……	171

第17章 適用時期及び経過措置 …… 173

1	適用時期	……	173
2	経過措置	……	174

第2部 公開草案の適用に関する実務上の論点

第1章 公開草案の適用準備における実務上の論点 …… 192

1	適用準備のための計画検討段階における実務上の論点	……	192

vii

目　次

2 借手におけるリースの識別の調査の進め方 …………………………… 201

3 借手における経営及び内部管理体制への影響の検討 ………………… 212

第2章　公開草案の適用に係る実務上の会計論点 ………………… 216

1 借手の論点 …………………………………………………………… 216

2 貸手の論点 …………………………………………………………… 223

公開草案の徹底解説

　公開草案は、IFRSと平仄を合わせており、その主要な部分を採り入れている。第1部では、実務対応を準備するにあたり、まずは公開草案の内容を正しく理解して頂くために、公開草案のポイントや勘所を可能な限り踏み込んで解説する。特に、事例・計算例・図表を多用し、理解をスムーズにするとともに、実務論点にもふれることで第2部への導入とする。

第1部　公開草案の徹底解説

第1章　公開草案の策定方針及び適用範囲

　リースに関する会計基準（案）が2023年5月に公表され、意見募集及びその検討を経て基準化される。会計基準公表から最低2年での適用を想定している。公開草案は、借手のすべてのリース取引をオンバランスする等、従来とは大きく異なる実務が求められることから負担も大きいと考えられる。その点も踏まえ適用まで最低2年の猶予を設けたものと思われる。

　具体的には、企業会計基準公開草案第73号「リースに関する会計基準（案）」（以下「公開草案会計基準」という）及び企業会計基準適用指針公開草案第73号「リースに関する会計基準の適用指針（案）」（以下「公開草案適用指針」、公開草案会計基準と公開草案適用指針を合わせて「公開草案」という）が2023年5月2日に企業会計基準委員会（ASBJ）から公表された。

　ASBJは、国際的に整合性のあるものにする取組みの一環として、原則すべてのリースについて資産及び負債を認識するリースに関する会計基準の開発に向けて、国際的な会計基準を踏まえた検討を行い、IFRS16と整合させた公開草案を公表した。

　公開草案では、借手の会計処理について、従来のファイナンス・リース取引とオペレーティング・リース取引の分類区分をなくし、原則としてすべてのリース取引（従来のオペレーティング・リース取引も含め）につき借手は資産及び負債に計上することとしている。

　第1部では、公開草案の内容を網羅的に解説していくが、実務に繋がる基準解釈のポイントと勘所を押さえていただけるよう、事例や図表、計算例を活用して公開草案の考え方を紐解いていく。第2部では、その理解を前提に、実務上の論点とその対応を検討し、適用にあたっての実務上の疑問に応えることを目指している。

　なお、本書では、平成20年4月1日開始（連結）事業年度から適用されてきた企業会計基準第13号「リース取引に関する会計基準」及び企業会計基準適用指針第16号「リース取引に関する会計基準の適用指針」等の定めを、以後「従来の基準（会計基準）」とする。また、IFRS第16号「リース」は「IFRS16」と

第1章　公開草案の策定方針及び適用範囲

略記する。加えて、企業会計基準第29号「収益認識に関する会計基準」は「収益認識会計基準」と、企業会計基準適用指針第30号「収益認識に関する会計基準の適用指針」は「収益認識適用指針」と略記する。

1 従来の基準と公開草案との主たる相違

　公開草案は、IFRS16と整合を図っているため、従来の基準と相違する取扱いや定義を定めている。主要論点の具体的な解説に入る前に、実務に及ぼす影響が特に大きく両基準間の主たる相違に繋がる3点に絞って、公開草案のポイントをまとめておく。

(1)　リースの定義と、契約がリースを含むか否かの判断
《リースの定義の違い》

> 〈従来の基準〉
> 　特定の物件の所有者たる貸手が、当該物件の借手に対し、合意された期間（リース期間）にわたりこれを収益する権利を与え、借手は、合意された使用料（リース料）を貸手に支払う取引

> 〈公開草案〉
> 　原資産を使用する権利を一定期間にわたり対価と交換に移転する契約又は契約の一部分（公開草案会計基準第5項）

　公開草案の定義はIFRS16と整合しており、この定義から以下の点が重要なポイントとして導かれる。

● 従来の基準下でリースとして又はリースを含むとして会計処理されてこなかった契約にリースが含まれると判断されるケースが生じる。

● 原資産に対する使用権が借手に移転すると捉えることで、従来のオペレーティング・リースも含め、借手において、原則すべてのリースにつき使用権資産及びリース負債を計上する。これにより、財務数値や経営管理指標に影響がでる。

3

第1部　公開草案の徹底解説

- 借手においてファイナンス・リース取引及びオペレーティング・リース取引の分類区分がなくなることにより、リースか否かの判断はオンバランスすべき会計処理に直結することになり、リースの定義及びこれに該当するか否かの判断が重要になる。

- 従来、リースとして会計処理されてこなかった契約がリースを含むと判断されることが考えられ、契約締結時、契約がリースを含むか否かの判断を徹底する必要がある。

- リースとサービスの区分も実務上重要な論点となる。

《基準適用対象の違い》

〈従来の基準〉

　　典型的なリースを対象とする。通常の保守等以外の役務提供が組み込まれていないリース、すなわち役務提供相当額のリース料に占める割合が低いものを対象とする。

〈公開草案〉

　　契約が特定された資産の使用を支配する権利を一定期間にわたり対価と交換に移転する場合、当該契約はリースを含む（公開草案会計基準第24項）。

　公開草案では、借手及び貸手は契約におけるリースを構成する部分とリースを構成しない部分とに分けて会計処理を行う（公開草案会計基準第26項、公開草案適用指針第9項）。サービス部分（役務提供相当額）はリースを構成しない部分に含まれ、リースを構成する部分と分けて処理する必要が生じる。

　従来の、ファイナンス・リース取引とオペティング・リース取引とに分類した会計処理の概要を図表1-1に示した。

4

図表1-1 従来の基準における分類と会計処理

取引の分類		借手（ユーザー）	貸手（リース会社等）
ファイナンス・リース取引 解約不能 ＋ フルペイアウト	所有権移転	売買処理⇒物件を資産計上（物件購入及び債務支払）	売買処理（物件売却及び債権回収）
	所有権移転外	売買処理 ⇒物件を資産計上	売買処理
オペレーティング・リース取引 ⇒ファイナンス・リース取引以外		賃貸借処理	賃貸借処理 ⇒物件を資産計上

(2) 借手のリース期間

《リース期間の定義の違い》

〈従来の基準〉

　リース期間は「合意された期間」であるとして、当該リース取引がおかれている状況からみて借手が再リースを行う意思が明らかな場合を除き、再リース期間は解約不能のリース期間に含めないと定めている。

〈公開草案〉

　借手は借手のリース期間につき借手が原資産を使用する権利を有する解約不能期間に、次の(i)及び(ii)の両方の期間を加えて決定する（公開草案会計基準第29項）。
(i) 借手が行使することが合理的に確実であるリースの延長オプションの対象期間
(ii) 借手が行使しないことが合理的に確実であるリースの解約オプションの対象期間

第1部　公開草案の徹底解説

　借手のリース期間の決定は、借手が貸借対照表に計上する資産及び負債の金額に直接重要な影響を及ぼす。従来の基準では、契約上の解約不能期間が実質的なリース期間となっていた。一方、公開草案では、従来の解約不能期間に限定せず、オプションの対象期間をリース期間に反映する取扱いを求めており、リース期間の見積りに困難が伴う可能性がある。

　また、店舗及びオフィス、借上社宅を含む不動産賃貸借に係る取引を含め従来のオペレーティング・リースが原則オンバランスとなり、オプションの対象期間をリース期間に反映するなどの変更があるため、留意を要する。

⑶　条件変更等に伴う事後的なリース負債の見直し

　リースの条件変更を伴ってリースの当初の条件の一部ではないリースの範囲や対価を変更したり、リースの条件変更を伴わずにリース期間やリース料等を事後的に変更する場合などが生じることがある。こうしたケースについて、従来の基準では特に定めをおいていなかった。一方、公開草案では、以下の定めをおき、リース負債の見直し等の事後測定を求めている。

《条件変更等に伴う事後測定》

〈従来の基準〉

　特に定めはない。

〈公開草案〉

　リース負債の変更を行う契約条件の変更によるリース負債の見直し等の取扱い（公開草案適用指針第41項、第42項）や、リースの契約条件の変更を伴わないリース負債の見直し等の取扱い（公開草案会計基準第38項、第39項、第40項、公開草案適用指針第43項、第44項、第45項、第46項、第47項、第48項）

　公開草案では、契約の条件変更や、リース期間及びリース料の変更等により、一度計上した使用権資産及びリース負債の額を見直す必要が生じる場合がある。このため、使用権資産及びリース負債に係る継続的で適切な帳簿管理が必要になるとともに、事後測定を可能にする数値管理等の仕組みやプロセスの整備が

第1章　公開草案の策定方針及び適用範囲

必要になる。

2　公開草案の策定方針

⑴　借手の会計処理モデルと費用配分の方法

　基準の策定にあたり、借手のすべてのリースについて資産及び負債を計上する会計基準の開発を基本として進めてきた。借手のリースの費用配分の方法として、IFRS16では、すべてのリースを借手に対する金融の提供と捉え、使用権資産に係る減価償却費及びリース負債に係る金利費用を別個に認識する単一の会計処理モデル（以下「単一の会計処理モデル」という）を採っている。公開草案でも、借手のリースの費用配分の方法につき、IFRS16と同様、リースがファイナンス・リースであるかオペレーティング・リースであるかに関わらず、それらの区分を廃止し、すべてのリースを金融の提供と捉え、使用権資産に係る減価償却費及びリース負債に係る利息相当額を計上する「単一の会計処理モデル」によることとした。単一の会計処理モデルのイメージを図表1-2に示した。

7

第1部　公開草案の徹底解説

図表1-2　単一の会計処理モデルのイメージ

(2)　IFRS16との整合を図る程度

　リースが広範に利用されていることを考慮し、簡素で利便性が高い基準を目指して公開草案を策定した。一方、IFRS任意適用企業からは、IFRS16の定めを個別財務諸表に用いても、基本的に修正が不要となる基準開発の要請があることも踏まえ、IFRS16のすべての定めを採り入れるのではなく、主要な定めのみを採り入れた。これにより、簡素で利便性が高く、かつ、IFRS16の定めを個別財務諸表に用いても、基本的に修正が不要となることが想定される。そのうえで、国際的な比較可能性を大きく損なわせない範囲で代替的な取扱いを定める又は経過的な措置を定めるなど、実務に配慮した方策を検討してきた。

(3)　基準の開発方法

　基準開発の方法としては、借手の会計処理と貸手の会計処理との間で齟齬が生じないよう、借手のための新しい基準を開発するのではなく、従来の基準を改正することとしていた。

　一方、公開草案では、基準開発の過程で、従来の基準の項番号を振り直し、新たな会計基準として開発することに変更している。

　なお、貸手の会計処理については、IFRS16でも抜本的な改正が行われていないことから、収益認識会計基準との整合性を図る点、リースの定義及びリースの識別の論点の2点を除いて従来の基準の定めを維持し、改正していない。

3　公開草案の適用範囲

　公開草案は、契約の名称等に関わらず、次の(i)から(iv)に該当する場合を除き、リースに関する会計処理及び開示に適用する。

　(i)　実務対応報告35号「公共施設等運営事業における運営権者の会計処理等に関する実務上の取扱い」の範囲に含まれる運営権者による公共施設等運営権の取得

　(ii)　収益認識会計基準の範囲に含まれる貸手による知的財産のライセンス

第1部　公開草案の徹底解説

　　の供与

(ⅲ)　(ⅱ)を除く貸手による無形固定資産のリースについて、本公開草案を適
　　用しないことを選択した場合

(ⅳ)　借手による無形固定資産のリースについて、本公開草案を適用しない
　　ことを選択した場合

　また、公開草案では、連結財務諸表と個別財務諸表の会計処理を同一とする
こととしている。公開草案を連結財務諸表のみに適用すべきか、連結財務諸表
と個別財務諸表の双方に適用すべきかを検討するため、次の項目につき審議が
行われた。

- 国際的な比較可能性
- 関連諸法規等（法人税法、分配規制、自己資本比率規制、民法等）との利害調整
- 中小規模の企業における適用上のコスト
- 連結財務諸表と個別財務諸表で異なる会計処理を定める影響

　審議の結果、懸念の多くは個別財務諸表固有の論点ではないとされ、連結財
務諸表と個別財務諸表の会計処理は同一であるべき、との結論は変わらなかっ
た。

10

第2章　リースの識別

第2章 リースの識別

1 リースの定義

(1) 公開草案におけるリースの定義とその影響

　IFRS16では、リースを「特定された資産の使用を支配する権利を一定期間に
わたり対価と交換に移転する契約又はその一部」と定義している。

　公開草案では、リースの定義について、IFRS16の定めと整合させて、借手と
貸手の双方に適用することを提案している。具体的には、「原資産を使用する権
利を一定期間にわたり対価と交換に移転する契約又は契約の一部分」（公開草案
会計基準第5項）と定義している。これは、民法601条に定める「賃貸借」とは
同義とはいえない性質を有する契約として定義づけているものと思われる。

　また、公開草案では、原資産について、「リースの対象となる資産で、貸手に
よって借手に当該資産を使用する権利が移転されているものをいう」（公開草案
会計基準第8項）としている。

　これらの定義においては、原資産に対する使用権が借手に移転すると捉える
ことで、従来の基準におけるファイナンス・リース取引かオペレーティング・
リース取引かに関わらず、原則として使用権資産及びリース負債の計上が必要
になる。

　リースの定義を満たすか否かは、以下の点で実務対応上重要なポイントにな
る。

- 従来の基準では、リース部分の取引がオペレーティング・リースに分類され
る限り、リース取引により獲得した権利が資産として認識されず、資産を使
用して提供されるサービスの会計処理が問題にはならなかった。一方、公開
草案では、借手においてファイナンス・リース取引及びオペレーティング・
リース取引の分類区分がなくなることで、リースか否かの判断はオンバラン
スするか否かに直結することになるため。

- 従来の基準においてオペレーティング・リースに分類されれば賃貸借処理を
行ってきたため、貸手の資産を使用して提供するサービスに係る費用は、オ

11

ペレーティング・リースに係る費用と比べ、定額費用計上という点で変わりなかった。一方、公開草案では、リース構成部分とサービス等の非リース構成部分とで費用の発生態様が異なるので、両者の区分が重要になるため。

従来の実務と比べ、契約の締結時において、契約がリースを含むか否かの判断を徹底することがポイントとなり、この点が明確になった。また、これに伴い、リースとサービスの区分も実務上重要な論点となってくる。

(2) 契約の定義

公開草案の契約の定義は、収益認識会計基準における契約の定義と整合させている。具体的には、「法的な強制力のある権利及び義務を生じさせる複数の当事者間における取決めをいう。契約には、書面、口頭、取引慣行等が含まれる」（公開草案会計基準第4項）としている。したがって、必ずしも書面でのやりとりがなくても、口頭や取引慣行等により契約が成立する可能性がある。

なお、自動車のリース、我が国における事務所等の不動産賃貸借契約、賃貸用住宅事業のためのサブリース契約及び定期備船契約について、これらの取引はサービス性が強いためにリースとして取り扱うことに懸念もある。これらの契約は、サービス提供の要素が含まれると考えられるし、また、事務所等の不動産賃貸借契約は、借手が無条件の支払義務を負わないこともあるためである。

しかし、いずれの契約でもリースの定義を満たす部分が含まれる場合がある。つまり、サービスの要素を区分した後に、賃借人が特定の資産の使用から生じる経済的利益のほとんどすべてを享受する権利を有し、かつ、当該資産の使用方法を指図する権利を有している部分が含まれる場合がある。契約にリースの定義を満たす部分が含まれる場合に、当該部分につきリースの会計処理を行わないことは、国際的な会計基準における取扱いと乖離する。このため、これらの契約について、国際的な会計基準における取扱いと乖離させないため、公開草案では、IFRS16と異なる取扱いとはしていない。

2 リースの識別

　公開草案では、契約の締結時に、契約の当事者は、当該契約がリースを含むか否かを判断する（公開草案会計基準第23項）。この判断にあたり、「契約が特定された資産の使用を支配する権利を一定期間にわたり対価と交換に移転する場合、当該契約はリースを含む」（公開草案会計基準第24項）とする公開草案の取扱いを考慮する。なお、契約期間中は、契約条件が変更されない限り、契約がリースを含むか否かの判断を見直さない（公開草案会計基準第25項）。

　つまり、契約締結時に、特定された資産の使用を支配する権利が契約の一方の当事者から他方の当事者に移転しているかどうかを判断する必要がある。IFRSと平仄を合わせたリースの識別に係る当該取扱いを、公開草案では借手と貸手の双方に適用するとしている。

　こうした定めは従来の基準ではなかったため、従来はリースとして会計処理されてこなかった契約にも、リースが含まれると判断されるケースがあると考えられる。

(1) リースの識別の判断における重要な取扱い（定め）と基本的な考え方

　リースの識別の判断にあたり、重要な取扱い（定め）や基本的な考え方を整理していくが、先に判断の主な流れを図表1-3に示しておく。

図表1-3　リースの識別判断の主な流れ

```
┌─────────────────────────────────────────────────┐
│     契約がリースを含むかどうかの判断   （公開草案会計基準第24項、│
│                                        公開草案適用指針第5項）│
```

```
│ 1．資産が特定されているかどうかの判断（公開草案適用指針第6項、第7項）│
│ 2．資産の使用を支配する権利が移転しているか否かの判断            │
│　　2-1　資産の使用から生じる経済的利益の享受（公開草案適用指針第5項(1)）│
│　　2-2　特定された資産の使用を指図する権利（公開草案適用指針第5項(2)、第8項）│
└─────────────────────────────────────────────────┘
```

第1部　公開草案の徹底解説

　図表1-3にそって各項目の基本的な考え方や取扱いを整理する。まず、リースを含むか否かの判断にあたり、特定された資産の使用を支配する権利の移転の有無を検討する必要があり、次の取扱いが判断のポイントになる。

契約がリースを含むかどうかの判断（公開草案会計基準第24項、公開草案適用指針第5項）

　契約の締結時に、契約の当事者は、当該契約がリースを含むか否かを判断する。契約は、(1)資産が特定され、かつ、(2)特定された資産の使用を支配する権利を移転する場合にリースを含む（公開草案会計基準第24項、公開草案適用指針第5項）。

　契約がリースを含むかどうかの判断にあたり、1つ目の要件である図表1-3の「1.資産が特定されているかどうかの判断」について、サプライヤーが資産を代替する実質的な権利を有する場合の要件を示している。この場合、資産は特定されておらず、図表1-3の1の要件を満たさないため、契約はリースを含まない。

資産が特定されているかどうかの判断（公開草案適用指針第6項）

　資産は、通常は契約に明記されることにより特定される。ただし、資産が契約に明記されている場合であっても、サプライヤーが、①使用期間全体を通じて当該資産を代替する実質上の能力を有し（公開草案適用指針第6項(1)）、かつ、②資産の代替により経済的利益を享受する場合（公開草案適用指針第6項(2)）、サプライヤーは資産を代替する実質的な権利を有しており、資産は特定されていない。

　さらに、図表1-3の「1.資産が特定されているかどうかの判断」について、稼働能力との関連で考え方を示した定めがある。

資産が特定されているかどうかの判断（公開草案適用指針第7項）

　顧客が使用することができる資産が物理的に別個のものではなく、資産の稼働能力の一部分である場合には、当該資産の稼働能力部分は特定され

た資産に該当しない。ただし、顧客が使用することができる資産が物理的に別個のものではないものの、顧客が使用することができる資産の稼働能力が、当該資産の稼働能力のほとんどすべてであることにより、顧客が当該資産の使用による経済的利益のほとんどすべてを享受する権利を有している場合は、当該資産の稼働能力部分は特定された資産に該当する（公開草案適用指針第7項）。

次に、契約がリースを含むかどうかの判断にあたり、2つ目の要件である図表1-3の「2．資産の使用を支配する権利が移転しているか否かの判断」について、支配が移転する要件とその考え方を示すとともに、当該要件の一つである「資産の使用を指図する権利を有する場合」についての考え方を示している。

資産の使用を支配する権利が移転しているか否かの判断（公開草案適用指針第5項、第8項）

顧客が、特定された資産の使用期間全体を通じて、①資産の使用から生じる経済的利益のほとんどすべてを享受する権利を有し（公開草案適用指針第5項(1)）、かつ、②資産の使用を指図する権利を有する場合（公開草案適用指針第5項(2)）、資産の使用を支配する権利が移転する。

顧客は、次のいずれかの場合に、使用期間全体を通じて特定された②資産の使用を指図する権利を有している。

(ア) 顧客が使用期間全体を通じて使用から得られる経済的利益に影響を与える資産の使用方法を指図する権利を有している（公開草案適用指針第8項(1)）。

(イ) 使用から得られる経済的利益に影響を与える資産の使用方法に係る決定が事前になされている場合に、(i)顧客が資産の稼働に関する権利を有しているか、又は、(ii)資産の設計を行っている（公開草案適用指針第8項(2)）。

以上、リースの識別の判断における重要な取扱い（定め）と基本的な考え方を示したが、このなかで取り扱った各項目について(2)以降で具体的な留意点等

第1部　公開草案の徹底解説

を示す。

⑵　特定された資産

　契約がリースを含むかどうかを判断するにあたり、まず⑴で示した公開草案適用指針第6項及び同第7項に準拠して、資産が特定されているかどうかを判断する。

①　対象資産の特定

　資産は、通常、契約に明記することで特定される。リースの対象となる資産は、シリアルナンバーなどを含め契約に明記することで特定されることが一般的である。一方、サービスの提供の場合、使用する資産が特定されないことが多い。例えば、輸送運搬サービスの提供等のケースで、輸送に使う車両や運搬具等が特定されない場合を考えよう。この場合、当該サービスの提供に係る契約はリースを含まない。

②　サプライヤー等による対象資産の入れ替え

　⑴で示した公開草案適用指針第6項にあるように、資産が特定されていたとしても、サプライヤーが契約履行のために特定された資産を入れ替える実質的な権利を有する場合は、顧客は当該資産につき使用期間全体を通じて使用する権利をもたない。

　「サプライヤーが使用期間全体を通じて当該資産を他の資産に代替する実質上の能力を有している（公開草案適用指針第6項⑴）」場合としては、例えば、顧客はサプライヤーが資産を入れ替えることを妨げることができず、かつ、サプライヤーが代替資産を容易に利用可能であるか又は合理的な期間内に調達できる場合等がある。

　サプライヤーとして輸送業者を例にとると、サプライヤーは数ある拠点から経済効率を考慮し輸送運搬車両を割り当てる。サプライヤーは、輸送運搬車両を入れ替えることで効率化を果たし経済的利益を享受するが、入れ替えにあたり顧客の承認は通常要しない。この場合、資産は特定されず、契約はリースを含まない。

16

第2章　リースの識別

⑶　資産の使用を支配する権利の移転

　契約がリースを含むかどうかを判断するにあたり、⑴で資産が特定されている場合、次に、⑴で示した公開草案適用指針第5項及び同第8項に準拠して、当該資産に係る使用権の支配が顧客（借手）に移転しているかどうかを判断する。

　顧客（借手）に特定の資産の使用を支配する権利が移転する、つまり、顧客による当該資産の使用権の支配の要件は、顧客が、特定された資産の使用期間全体を通じて、①資産の使用から生じる経済的利益のほとんどすべてを享受する権利を有し、かつ、②資産の使用を指図する権利を有する場合である。

　以下、①及び②について実務上の留意点等を示す。

①　経済的利益の享受

　「顧客が特定された使用から生じる経済的利益のほとんどすべてを享受する権利を有する場合」とは、資産使用に伴う経済的利益の太宗を顧客が稼得することを意味するが、ここで、経済的利益には、顧客が直接使用することから得られる利益はもちろんのこと、当該資産を使用して得られるアウトプット（成果物）や、その売却や処分によって得られるキャッシュ・フロー等も含まれる。

　例えば、顧客が、売電会社（サプライヤー）と、売電会社所有の電源設備が産出する電力サービスのほとんどすべてを一定期間購入する契約を締結し、売電会社は当該電源設備を稼働し維持管理を行う場合を例にとろう。この事例では、顧客は、使用期間全体を通じて当該電源設備が産出する電力のほとんどすべてを得る権利があるため、使用期間全体を通じて資産の使用から生じる経済的利益のほとんどすべてを享受する権利がある。つまり、公開草案適用指針第5項⑴を満たす。

②　使用を指図する権利

　顧客が使用期間全体を通じて特定された資産の使用を指図する権利を有しているか否かの判断を行うにあたっては、使用期間全体を通じて使用から得られる経済利益に影響を与える資産の使用方法に係る意思決定を考慮する。当該意思決定は、資産の性質及び契約の条件に応じて、契約によって異なると考えられる。

　公開草案適用指針第8項⑴の「㈠顧客が使用期間全体を通じて使用から得ら

17

第1部　公開草案の徹底解説

れる経済的利益に影響を与える資産の使用方法を指図する権利を有している」
について、使用方法を指図する権利とは、例えば、対象資産から得られるアウト
プットの種類、量、生み出す時期や場所などを決めて指図することが考えられる。
　以下で、使用方法を指図する権利をイメージできる権利を例示した。

- 船積用コンテナを輸送と保管のいずれで使用するかの決定権
- 小売スペースで販売する製品構成の決定権
- 資産が産出するアウトプットの種類を変更する権利
- 発電所や機械をいつ使用するかの決定権
- アウトプットを産出するか否かを変更する権利
- トラックや船の目的地、設備を使用する場所の決定権
- アウトプットの産出場所を変更する権利
- 発電所からエネルギーを産出するか否か、産出するエネルギー量の決定権
- アウトプットを産出するか否か及びアウトプットの量を変更する権利

　例えば、サプライヤーが所有する発電所が産出する電力のすべてを7年間購
入する契約をサプライヤーと顧客が締結した場合（サプライヤーは業界で認めら
れた事業慣行に従い日々当該発電所を稼働し維持管理を行う）で、顧客が当該発電
所の使用方法、つまり、産出する電力の量及び時期などを決定する権利を有し
ていることを契約で定めている事例があるとする。この場合、顧客は、契約に
より当該発電所の使用方法を決定する権利を有する。つまり、公開草案適用指
針第8項(1)を満たす。

　したがって、顧客は、使用期間全体を通じて資産の使用を指図する権利があ
る。すなわち、公開草案適用指針第5項(2)を満たす。さらに、顧客は、7年の
使用期間全体を通じて当該発電所が産出する電力のすべてを得る権利を有する
ため、7年の使用期間全体を通じて資産の使用から生じる経済的利益のほとん
どすべてを享受する権利を有している。すなわち、公開草案適用指針第5項(1)
を満たす。

　以上により、使用期間全体を通じて公開草案適用指針第5項(1)及び(2)のいず
れも満たすため、本事例では、当該発電所の使用を支配する権利がサプライヤー
から顧客に移転していると判断する。

次の事例として、顧客が3年間にわたりサプライヤーが提供するネットワークサービスを利用する契約を締結するケースを検討する。当事例では以下の実態があるとする。

➢顧客が有する唯一の決定権は、当該ネットワークサービスの水準を契約の締結時に決定することだけで、契約を変更しない限り当該水準を変更できない。

➢顧客は、サーバーを使用してどのようにデータを送信するのか、サーバーを再設定するのか、他の目的でサーバーを使用するのか等のサーバーの使用を指図する権利がない。また、サーバーを稼働する権利はなく、設計にも関与していない。

この事例では、顧客ではなくサプライヤーが資産の使用を指図する権利を有しており、公開草案適用指針第8項(1)及び(2)のいずれも満たさない。

このため、顧客は、使用期間全体を通じて資産の使用を指図する権利がない。つまり公開草案適用指針第5項(2)を満たさず、当該契約にリースは含まれていないと判断する。

⑷　リースの識別に関するフローチャート

以上、⑴から⑶のまとめとして図表1-4にリースの識別に関するフローチャートを示した。

第1部　公開草案の徹底解説

図表1-4　リースの識別に関するフローチャート

出所：企業会計基準適用指針公開草案第73号「リースに関する会計基準の適用指針（案）」の設例　設例1

第 2 章　リースの識別

3　リースの識別に関する事例検討

　第 2 章「リースの識別」のまとめとして、以下 5 つの事例（事例 1 から事例 5 まで）を検討することで、リースの識別の考え方、契約がリースを含むかどうかの判断に至る根拠等を検討する。

　公開草案では、リースの定義に従い、すべての契約についてリースが含まれるか否かを判断するとしている。不動産賃貸借がリースとなることはもちろんだが、輸送車両、販売区画、エネルギー貯蔵タンクなど資産の特別な使用契約や、コピーサービス、ネットワークサービス、電力供給など資産を介したサービス契約などは、契約要件を検討したうえで、リースを含むかどうかを判断する必要がある。なお、検討にあたり、公開草案に示された「設例」等が参考になると思われる。

1．資産が特定されているかどうかの判断

事例 1　輸送車両：資産を他の資産に代替する権利が実質的であるケース

《前提》
- ✓ 顧客が一定期間にわたり所定の数量の物品を所定の日程で輸送することを依頼する契約を輸送業者（サプライヤー）と締結した。
- ✓ 契約では車両の種類のみが指定されている。
- ✓ 輸送業者は、複数の車両を所有しており、輸送する物品の日程及び内容に応じて使用する車両を決定する。

　資産が契約に明記されている場合でも、サプライヤーが、①使用期間全体を通じて当該資産を代替する実質上の能力を有し、かつ、②資産の代替により経済的利益を享受する場合、サプライヤーは資産を代替する実質的な権利を有しており、資産は特定されていない。そこで、資産が特定されているかどうかの判断につき以下の検討を行う。

①　使用期間全体を通じて資産を他の資産に代替するサプライヤーの実質

21

第1部　公開草案の徹底解説

上の能力

　輸送業者は、複数の車両を有しており、顧客の承認なしに車両を入れ替えることができる。したがって、輸送業者は、使用期間全体を通じて資産を他の資産に代替する実質上の能力を有している。つまり、公開草案適用指針第6項(1)を満たしている。

② 　資産を代替する権利の行使によるサプライヤーの経済的利益の享受

　輸送業者は適切な車両の使用を決めることで業務の効率化を図っており、車両を他のものに代替することで得る経済的利益が代替することで生じるコストを上回るよう決定するため、輸送業者は、資産を代替する権利の行使により経済的利益を享受する。つまり、公開草案適用指針第6項(2)を満たしている。

《資産が特定されているかどうかの判断》

　①及び②により、公開草案適用指針第6項(1)及び(2)のいずれも満たすため、顧客及び輸送会社の契約において、資産は特定されていないと判断する。

　資産が特定されていない以上、「資産の使用を支配する権利の移転」にかかる判断は行わず、顧客と輸送業者の契約においてリースは含まれていないと判断する。

事例2　販売区画：資産を他の資産に代替する権利が実質的でないケース

《前提》

✓顧客（販売業者）が集合店舗内の1区画を使い店舗を出店する契約を、当該物件所有者（サプライヤー）と締結した。顧客は使用期間（7年）全体を通じて当該1区画を独占的に使用することができる。

✓顧客は、使用期間全体を通じて当該1区画の使用を指図する権利がある。

✓物件所有者は、契約上の面積及び仕様を満たす区画を顧客に提供し、顧客の移転から生じるコストを全額負担する。一方、顧客に割り当てた1区画を使用期間中いつでも変更する権利がある。

✓物件所有者が上記移転コストを超えて経済的利益を得るには、他の複数

区画を大口テナントが占める必要があるが、本契約時ではまだ見通しがたっておらず、大口テナントとの契約ができるかは不透明である。

契約がリースを含むかどうかの判断にあたり、契約は、⑴資産が特定され、かつ、⑵特定された資産の使用を支配する権利を移転する場合にリースを含むことから、以下の検討を行う。

⑴　**資産が特定されているかどうかの判断**

サプライヤーが資産を代替する実質的な権利を有しており資産は特定されないケースに該当するかを確認する。

①　**使用期間全体を通じて資産を他の資産に代替するサプライヤーの実質上の能力**

物件所有者は、顧客が使用する区画を契約に定めた仕様を満たす他の区画に変更する権利がある。このため、物件所有者は使用期間全体を通じて資産を他の資産に代替する実質上の能力がある。つまり、公開草案適用指針第6項⑴を満たす。

②　**資産を代替する権利の行使によるサプライヤーの経済的利益の享受**

物件所有者が、区画入替えで生じるコストを上回る経済的利益を得るには、他の複数区画を大口テナントが占める必要がある。一方、現状では、見通しが不透明であることから、当該資産を他の資産に代替することからもたらされる経済的利益が、代替することから生じるコストを上回るとは見込まれない。このため、物件所有者は、資産を代替する権利の行使により経済的利益を享受することとならない。つまり、公開草案適用指針第6項⑵を満たさない。

①により、公開草案適用指針第6項⑴は満たすが、②により、公開草案適用指針第6項⑵が満たさないため、①及び②の両方を満たす契約ではなく、顧客及び物件所有者の契約において、資産は特定されていると判断する。

⑵　**資産の使用を支配する権利が移転しているかどうかの判断**

顧客が、特定された資産の使用期間全体を通じて、①資産の使用から生じる経済的利益のほとんどすべてを享受する権利を有し（公開草案適用指針

第1部　公開草案の徹底解説

第5項(1))、かつ、②資産の使用を指図する権利を有する場合（公開草案適用指針第5項(2)）、資産の使用を支配する権利が移転する。

そこで、①及び②につき検討する。

① **顧客が資産の使用から生じる経済的利益のほとんどすべてを享受する権利**

　　顧客は使用期間全体を通じて1区画を独占的に使用できるため、使用期間全体を通じて資産の使用から生じる経済的利益のほとんどすべてを享受する権利がある。つまり、公開草案適用指針第5項(1)を満たす。

② **顧客が資産の使用を指図する権利**

　　①により公開草案適用指針第5項(1)を充足し、また前提から、顧客は使用期間全体を通じて資産の使用を指図する権利がある。つまり、公開草案適用指針第5項(2)を満たす。

　①及び②により、使用期間全体を通じて公開草案適用指針第5項(1)及び(2)のいずれも満たすため、割り当てられた区画の使用を支配する権利が物件所有者から顧客に移転していると判断する。

(3) **リースを含むかどうかの判断**

　(1)により、資産が特定され、かつ、(2)により、物件所有者から顧客に特定された資産の使用を支配する権利が移転しているため、顧客と物件所有者との契約にはリースが含まれていると判断する。

事例3　熱供給プラント：稼働能力部分が特定された資産に該当するケース

《前提》

✓顧客は、熱供給会社（サプライヤー）が指定する設備プラント区画に熱供給源を貯蔵する契約につき、熱供給設備プラントを保有する熱供給会社と締結した。

✓設備プラント区画内は物理的に区分されておらず、顧客は、熱供給会社が指定する設備プラントの容量のほぼすべての熱供給源を貯蔵する権利を有している。

✓顧客は、使用期間全体を通じて熱供給源の設備プラントの使用を指図する権利を有している。

　契約は、⑴資産が特定され、かつ、⑵特定された資産の使用を支配する権利が移転する場合にリースを含む。そこで、以下で⑴及び⑵の検討を行う。

⑴　資産が特定されているかどうかの判断

　顧客が使用できる資産の稼働能力が、当該資産の稼働能力のほとんどすべてであることで、顧客が当該資産の使用による経済的利益のほとんどすべてを享受する権利がある場合、当該資産の稼働能力部分は特定された資産に該当する（公開草案適用指針第7項）。

　顧客が使用できる熱供給会社が指定する熱供給設備プラントは、物理的に別個のものではないが、設備プラントの容量のほぼすべての熱供給源を貯蔵することができる。このため、顧客が使用する権利を有する資産の稼働能力が、当該資産の稼働能力のほとんどすべてに該当することで、顧客には熱供給源の設備プラントの使用による経済的利益のほとんどすべてを享受する権利がある。

　したがって、顧客と熱供給会社との契約において顧客が使用できる稼働能力部分は、特定された資産に該当すると判断する。

⑵　資産の使用を支配する権利が移転しているかどうかの判断

　顧客が、特定された資産の使用期間全体を通じて、①資産の使用から生じる経済的利益のほとんどすべてを享受する権利を有し、かつ、②資産の使用を指図する権利を有する場合、資産の使用を支配する権利が移転する。

　そこで、①及び②について以下で検討する。

①　顧客が資産の使用から生じる経済的利益のほとんどすべてを享受する権利

　顧客が使用する権利を有する熱供給源の設備プラントの稼働能力は、当該資産の稼働能力のほとんどすべてであることから、顧客は使用期間全体を通じて資産の使用から生じる経済的利益のほとんどすべてを享受

第1部　公開草案の徹底解説

する権利がある。すなわち、公開草案適用指針第5項(1)を満たす。

② 顧客が資産の使用を指図する権利

　顧客は、使用期間全体を通じて当該熱供給源設備プラントの使用を指図する権利を有している。すなわち、公開草案適用指針第5項(2)を満たす。

　①及び②により、使用期間全体を通じて公開草案適用指針第5項(1)及び(2)のいずれも満たすため、当該熱供給源設備プラントの使用を支配する権利が熱供給会社から顧客に移転していると判断する。

(3) リースを含むかどうかの判断

　(1)により、資産が特定され、かつ、(2)により、特定された資産の使用を支配する権利が熱供給会社から顧客に移転しているため、顧客と熱供給会社との契約にはリースが含まれていると判断する。

2．資産の使用を指図する権利の判断

事例4　電力：使用方法が契約で定められており、顧客が資産の使用を指図する権利を有していないケース

《前提》

✓顧客とサプライヤーは、サプライヤーが所有する発電設備が算出する電力のすべてを5年間にわたり購入する契約を締結した。

✓サプライヤーは当該発電設備を稼働し、維持管理のオペレーションを行う。顧客は当該発電設備の設計に関与していない。

✓使用期間全体を通じた当該発電設備の使用方法が契約で定められており、特別な事情がない限り使用方法を変更することはできない。

✓当該発電設備は特定された資産である。つまり、公開草案適用指針第6項(1)及び(2)が満たされていない。

(1) 資産が特定されているかどうかの判断

　前提により、顧客が購入する電力を産出する発電設備は特定されている。

26

第 2 章　リースの識別

⑵　**資産の使用を支配する権利が移転しているかどうかの判断**

①　**顧客が資産の使用から生じる経済的利益のほとんどすべてを享受する権利**

　　顧客は、5 年の使用期間全体を通じて当該発電設備が産出する電力のすべてを得る権利を有するため、5 年の使用期間全体を通じて資産の使用から生じる経済的利益のほとんどすべてを享受する権利を有している。すなわち公開草案適用指針第 5 項⑴が満たされている。

②　**顧客が資産の使用を指図する権利**

　　①により、公開草案適用指針第 5 項⑴が満たされているため、顧客が資産の使用を指図する権利を有するかを判断する。

　　当該発電設備の使用方法は契約で事前に定められており、次の通り公開草案適用指針第 8 項⑴及び⑵のいずれも満たされていない。したがって、顧客は、使用期間全体を通じて資産の使用を指図する権利を有していない。すなわち、公開草案適用指針第 5 項⑵が満たされていない。

- 顧客は、使用期間全体を通じて当該発電設備の事前に決定されている使用方法を変更することができないため、当該発電設備の使用方法を指図する権利を有していない（公開草案適用指針第 8 項⑴参照）。

- 顧客は、使用期間全体を通じて当該発電設備を稼働する権利を有していない（公開草案適用指針第 8 項⑵①参照）。また、顧客は、当該発電設備を設計していない（公開草案適用指針第 8 項⑵②参照）。

　　①により、公開草案適用指針第 5 項⑴が満たされているが、②により、公開草案適用指針第 5 項⑵が満たされていないため、当該発電設備の使用を支配する権利はサプライヤーから顧客に移転していないと判断した。

⑶　**リースを含むかどうかの判断**

　　⑴により、資産は特定されたが、⑵により、特定された資産の使用を支配する権利がサプライヤーから顧客に移転していないため、契約にリースが含まれていないと判断する。

27

第1部　公開草案の徹底解説

事例5　売電：顧客が資産の使用を指図する権利を有しているケース

《前提》

✓ 顧客は、売電会社（サプライヤー）と、売電会社所有の電源設備が産出する電力サービスのすべてを購入する契約を締結した（5年間）。売電会社は当該電源設備を稼働し、維持管理を行う。

✓ 契約上、顧客が当該電源設備の産出する電力の量及び時期等の使用方法を決定する権利をもつ。また、契約上、売電会社が他の契約を履行するために当該電源設備を使用することはできない。

✓ 当該電源設備は、特定された資産である。つまり、公開草案適用指針第6項(1)及び(2)が満たされていない。

　契約は、(1)資産が特定され、かつ、(2)特定された資産の使用を支配する権利を移転する場合にリースを含む。ここで、3つ目の《前提》から顧客が購入する電力を産出する電源設備は特定されており、(1)の資産は特定されているので、次に(2)を検討する。

(1)　**資産の使用を支配する権利が移転しているかどうかの判断**

　顧客が、特定された資産の使用期間全体を通じて、①資産の使用から生じる経済的利益のほとんどすべてを享受する権利を有し、かつ、②資産の使用を指図する権利を有する場合、資産の使用を支配する権利が移転する。以下で①及び②を検討する。

①　**顧客が資産の使用から生じる経済的利益のほとんどすべてを享受する権利**

　顧客は、使用期間（5年）全体を通じて当該電源設備が産出する電力のすべてを得る権利があるため、使用期間全体を通じて資産の使用から生じる経済的利益のほとんどすべてを享受する権利がある。つまり、公開草案適用指針第5項(1)を満たす。

②　**顧客が資産の使用を指図する権利**

　顧客は、契約により当該電源設備の使用方法を決定する権利を有する。

28

つまり、公開草案適用指針第8項(1)「顧客が使用期間全体を通じて使用から得られる経済的利益に影響を与える資産の使用方法を指図する権利を有している」を満たす。このため、顧客は、使用期間全体を通じて資産の使用を指図する権利を有している。つまり、公開草案適用指針第5項(2)を満たす。

①及び②により、使用期間全体を通じて公開草案適用指針第5項(1)及び(2)のいずれも満たすため、当該電源設備の使用を支配する権利が売電会社から顧客に移転していると判断する。

(2) リースを含むかどうかの判断

(1)により、資産が特定され、かつ、(2)により、特定された資産の使用を支配する権利が売電会社から顧客に移転しているため、売電会社と顧客との契約にはリースが含まれていると判断する。

4 リースを構成する部分とリースを構成しない部分との区分

(1) 区分の必要性と区分に係る会計処理

リース契約には、リース以外のサービス等を含む場合がある。このため、リース契約において、リースを構成する部分とリースを構成しない部分（サービス等）を区分すべきか否かが問題となる。自動車のリースにおいてメンテナンス・サービスが含まれる場合などのように、契約の中には、リースを構成する部分とリースを構成しない部分の両方を含むものがある。役務提供を含むシステム関連業務ではサービス提供部分に重要性があるケースも多く、当該サービスを伴うことが契約締結の前提となる場合もある。

会計処理を行う単位は契約単位とは必ずしも一致しない。1契約内に複数のリースを含む場合もあれば、自動車のリースにおいてメンテナンス・サービスが含まれる場合等のように、1契約の中に、リースを構成する部分とリースを構成しない部分の両方を含むものがある。法形式上の契約単位と会計処理上の契約の単位が異なることも考えられる。

特定された資産の使用を支配する権利に注目すれば、使用する資産が特定さ

第1部　公開草案の徹底解説

れており、顧客が資産の使用を支配している契約はリースであり、供給者が資産の使用を支配している契約はサービスである。借手においては、リースを構成する部分は資産・負債を貸借対照表に計上する一方、サービス等リースを構成しない部分は資産・負債をオンバランスしないため、リースを構成する部分とサービス等リースを構成しない部分の区分は重要になる。

リースを構成しない部分とは、契約に含まれるリース以外の構成部分であり、各種のサービス等が該当する。顧客である借手が使用する期間において原資産を使用する権利を支配しているケースはリースである、一方、サプライヤーである貸手がサービスの提供に用いられる資産の使用を支配しているケースはサービスとなり、リースを構成しない部分となる。

なお、私見だが、ハードウェアとソフトウェアとが相互に関連している、いわゆる「一体契約」などは、リースを構成する部分として、公開草案の適用対象になると思われる。

リースを構成する部分とリースを構成しない部分の取扱いや会計処理について、従来の基準と公開草案とで比較すると次の通りである。

《従来の取扱い》

- 典型的なリース、すなわち役務提供相当額のリース料に占める割合が低いものを対象としており、サービスに関連する役務提供相当額（リースを構成しない部分）は、通常、重要性が乏しいことを想定し、維持管理費用相当額に準じて会計処理を行ってきた。

- 通常の保守等（自動車やコピー機等のリースにおけるメンテナンス等）以外の比較的重要性のある労務等（システム関連業務に係る役務提供等）が組み込まれていないリース取引が従来の基準の適用対象となっていた。つまり、通常の保守等以外の役務提供が組み込まれているリース取引は、従来の基準の適用対象外となっていた。ただし、リース取引部分と役務提供部分が容易に分離できる場合は、リース取引部分は従来の基準の適用対象となっていた。

- 役務提供相当額について、当該金額がリース料に占める割合に重要性が

30

第2章　リースの識別

乏しい場合は、役務提供相当額をリース料総額から控除しないことができるとされていた。

《公開草案の取扱い》

● 借手及び貸手は契約におけるリースを構成する部分とリースを構成しない部分とに分けて会計処理を行う（公開草案会計基準第26項、公開草案適用指針第9項）。

● 借手は、契約におけるリースを構成しない部分について、該当する他の会計基準等に従って会計処理を行う（公開草案適用指針第10項）。

● 借手は、対応する原資産を自ら所有していたと仮定した場合に貸借対照表において表示するであろう科目ごとに、リースを構成する部分とリースを構成しない部分とを分けずに、リースを構成する部分と関連するリースを構成しない部分とを合わせてリースを構成する部分として会計処理を行うことを選択することができる（公開草案会計基準第27項）。なお、連結財務諸表においては、個別財務諸表において個別貸借対照表に表示するであろう科目ごとに行った前項の選択を見直さないことができる（公開草案会計基準第28項）。

● 役務提供相当額について、当該金額がリース料に占める割合に係る重要性の定めはないため、従来、役務提供相当額として取り扱っていた金額は、リースを構成しない部分に含まれることとなる。

　サービス等リースを構成しない部分に重要性がある場合、従来の基準では、リース取引部分と役務提供部分が容易に分離できる場合を除き、基準の適用対象外であった。しかし、公開草案では、公開草案会計基準第27項の例外処理（全体をリースとして処理する例外処理）をしない限り、リースを構成する部分とリースを構成しない部分とに分けて会計処理を行う必要がある。

　顧客である借手が重要なサービス部分を含む契約について公開草案会計基準第27項の例外処理を採ると、借手のリース負債が大きく増大する可能性がある。このため、契約のうちリースを構成しないサービス構成部分が比較的小さい場

31

合に借手は公開草案会計基準第27項の例外処理を採ると想定される。

なお、リースを構成する部分と当該リースに関連するリースを構成しない部分とを合わせてリースを構成しない部分として会計処理することは、IFRS16でも認めていない。借手のすべてのリースについて資産及び負債を計上する会計基準の開発方針を踏まえて、公開草案でもこれを認めていない。

また、IFRS16では、「維持管理費用相当額」に類似するものとして「借手に財又はサービスを移転しない活動及びコスト」に言及している。当該コストには、固定資産税及び保険料のほか、例えば、契約締結のために貸手に生じる事務コストの借手への請求等、借手に財又はサービスを移転しない活動に係る借手への請求が含まれるが、「維持管理費用相当額」と「借手に財又はサービスを移転しない活動及びコスト」の範囲は、例外はあるものの概ね一致することが比較的多いと考えられる。

リースを構成する部分とリースを構成しない部分を区分する会計処理のイメージが図表1-5-1で、リースに係るオンバランス処理の判定イメージが図表1-5-2である。

図表1-5-1　リースを構成する部分とリースを構成しない部分の会計処理イメージ

第2章　リースの識別

図表 1-5-2　リースに係るオンバランス処理の判定イメージ

(2) 区分の方法
① 借手の取扱い
　公開草案の取扱いは以下の通りである。

| 公開草案 | 適用指針第10項・第11項 |

- 借手は、契約におけるリースを構成する部分については、公開草案に定める方法に準拠して会計処理を行い、契約におけるリースを構成しない部分については、該当する他の会計基準等に従って会計処理を行う（公開草案適用指針第10項）。
- 借手は、契約における対価の金額について、リースを構成する部分とリースを構成しない部分とに配分するにあたって、それぞれの部分の独立価格の比率に基づいて配分する。また、借手は、契約における対価の中に、借手に財又はサービスを移転しない活動及びコストについて借手が支払う金額が含まれる場合、当該金額を契約における対価の一部としてリースを構成する部分とリースを構成しない部分とに配分する（公開草案適用指針第11項）。

　具体的には、借手は、独立価格の比率について、貸手又は類似のサプライヤーが当該構成部分又は類似の構成部分につき企業に個々に請求する予定価格に基づき算定する。リースを構成する部分とリースを構成しない部分の独立価格が借手にとって明らかでない場合は、観察可能な情報を最大限に利用して、独立

33

第1部　公開草案の徹底解説

価格を合理的な方法で見積る。貸手による価格付けに関する情報は借手には提供されないのが一般的であり、観察可能でないケースも多いと思われるため、合理的な見積りの方法が実務上重要になる。

　ここで、独立価格は、貸手又は類似の供給者が当該構成部分又は類似の構成部分について、企業に個々に請求するであろう価格に基づいて算定する。

　なお、借手が負担するリース料の中に含まれる固定資産税、保険料等の維持管理費用相当額は、従来、リース料総額から控除することとしていた。これは、ファイナンス・リース取引（及びオペレーティング・リース取引）の判定、すなわちリースの分類に、当該維持管理費用相当額が影響を及ぼす可能性（特にカーリース等）があったからである。

　しかし、公開草案では、ファイナンス・リース取引及びオペレーティング・リース取引の区分を廃止したため、リースを分類する観点から維持管理費用相当額の取扱いを定める必要はなくなった。このため、維持管理費用相当額に関する従来の「リース料総額から控除する」とする定めは引き継がず、契約における対価の中に、借手に財又はサービスを移転しない活動及びコストについて借手が支払う金額が含まれる場合は、当該金額を契約における対価から控除せず、独立価格の比率に基づき、リースを構成する部分とリースを構成しない部分とに配分する（公開草案適用指針第11項）こととした。

②　貸手の取扱い

　借手と相違し、貸手はファイナンス・リース取引及びオペレーティング・リース取引の区分が残る。貸手は、契約におけるリースを構成する部分について、公開草案に定める方法によりファイナンス・リース又はオペレーティング・リースの会計処理を行い、契約におけるリースを構成しない部分について、該当する他の会計基準等に従って会計処理を行う（公開草案適用指針第12項）こととした。

　公開草案では、サービス等の役務提供相当額がリース料総額に占める割合の多寡にかかわらず、リースを含む契約であるか否かの判定をしたうえで、リースと認定されれば、公開草案を適用してリースとしての会計処理を行うこととしている。したがって、リース料総額にサービス等役務提供相当額の占める割

34

合が低い取引、すなわち「典型的なリース取引」を対象としていた従来の基準とは異なり、契約にサービス等の役務提供等部分が含まれ公開草案の適用対象となるケースが想定される。このため、IFRS16との整合も考慮し、貸手もリースを構成する部分とリースを構成しない部分とに分けて会計処理を行うこととした。

貸手は、契約における対価の金額について、リースを構成する部分とリースを構成しない部分とに具体的に配分するにあたり、それぞれの部分の独立販売価格の比率に基づいて配分する。貸手における対価の配分は、収益認識会計基準との整合性を図っており、「独立販売価格」は、収益認識会計基準第9項における定義（「財又はサービスを独立して企業が顧客に販売する場合の価格をいう」）を参照する。

公開草案 適用指針第13項

　　貸手は、契約における対価の中に、借手に財又はサービスを移転しない活動及びコストについて借手が支払う金額や維持管理費用相当額が含まれる場合、当該配分にあたり、次の(i)又は(ii)のいずれかの方法を選択できる（公開草案適用指針第13項）。

(i)　契約における対価の中に、借手に財又はサービスを移転しない活動及びコストについて借手が支払う金額が含まれる場合に、当該金額を契約における対価の一部としてリースを構成する部分とリースを構成しない部分とに配分する方法

(ii)　契約における対価の中に、維持管理費用相当額が含まれる場合、当該維持管理費用相当額を契約における対価から控除し、収益に計上する、又は、貸手の固定資産税、保険料等の費用の控除額として処理する方法

　　(ii)を採る場合、維持管理費用相当額がリースを構成する部分の金額に対する割合に重要性が乏しいときは、当該維持管理費用相当額についてリースを構成する部分の金額に含めることができる。

(ii)について、貸手は借手と異なり、リースの分類（ファイナンス・リースかオペレーティング・リースの分類）を継続しており、また、固定資産税や保険料等

第1部　公開草案の徹底解説

の金額を把握している。このため、貸手では、従来の基準における「維持管理費用相当額」に関する定めを公開草案においても選択できることとした。

③　独立したリースを構成する部分をどのように判定するか

　貸手が機器とソフトウェアのリースを同時に行うケースなど契約には複数のリースを構成する部分が含まれる場合がある。この場合、独立したリースを構成する部分をどのように判定するか、という問題がある。借手にも同様の問題がある。これにつき公開草案では、当該原資産の使用から単独で（又は当該原資産と借手が容易に利用できる他の資源を組み合わせて）借手が経済的利益を得ることができ、かつ、当該原資産の契約の中の他の原資産への依存性又は相互関連性が高くない場合には、独立したリースを構成する部分である（公開草案適用指針第14項）、としている。なお、この独立したリースの構成部分の定めは、収益認識会計基準第34項における定めと整合的なものである。

⑶　対価の配分の計算例

　⑴、⑵のまとめとして、リースを構成する部分とリースを構成しない部分への対価の配分の計算例を事例6として示した。

事例6　リースを構成する部分とリースを構成しない部分への対価の配分（借手）

《前提》

✓契約にリースを構成する部分とリースを構成しない部分、つまり、借手のリース期間にわたる役務提供が含まれると判断した。

✓リース開始日は、X1年4月1日でリース期間5年、年1度の決算（決算日3月31日）をしている。

✓契約対価9,000千円で、各期末に1,800千円ずつ支払する。

✓リースを構成する部分の貸手による独立販売価格8,000千円。これは借手が把握している独立価格と等しい。

✓リースを構成しない部分（役務提供）の貸手による独立販売価格2,000千

円。これは借手が把握している独立価格と等しい。

✓ 上記の他に借手に財又はサービスを移転しない活動及びコストはないものとする。

✓ 借手の減価償却方法は定額法で、借手の支払う付随費用はゼロとする。

✓ 単純化のため、借手は、割引の影響を無視し、定額でリース負債の取り崩しを行う。

✓ リースを構成しない部分の費用は契約期間に応じて毎月定額で会計処理する。

　以上の前提から、リースを構成する部分とリースを構成しない部分への対価の配分を行う。なお、会計処理は、1．リースを構成する部分とリースを構成しない部分とに分けて会計処理する場合と、2．リースを構成する部分と関連するリースを構成しない部分とを合わせてリースを構成する部分として会計処理する場合とに分けて行う。

1．リースを構成する部分とリースを構成しない部分とに分けて会計処理する場合（公開草案会計基準第26項）

① リースを構成する部分とリースを構成しない部分への対価の配分

　借手は、契約における対価の金額について、リースを構成する部分とリースを構成しない部分とに配分するにあたって、それぞれの部分の独立価格の比率に基づいて配分する。契約における対価の中に、借手に財又はサービスを移転しない活動及びコストについて借手が支払う金額が含まれる場合、借手は、当該金額を契約における対価の一部としてリースを構成する部分とリースを構成しない部分とに配分する。借手は、固定資産税及び保険料の金額を把握していたとしても、これを対価から控除することはしない（公開草案適用指針第11項）。

《契約における対価の配分》

リースを構成する部分：7,200千円（＝9,000×8,000[*2]/10,000[*1]）

第1部　公開草案の徹底解説

リースを構成しない部分：1,800千円（＝9,000×2,000$^{(*3)}$/10,000$^{(*1)}$）

契約における対価の金額：9,000千円

$^{(*1)}$独立価格の合計額（＝72,000千円＋18,000千円）

$^{(*2)}$リースを構成する部分の独立価格

$^{(*3)}$リースを構成しない部分の独立価格

②　会計処理

● X1年4月1日（リース開始日）

（単位：千円）

| 使用権資産 | 7,200 | リース負債 | 7,200 | $^{(*1)}$ |

$^{(*1)}$契約における対価のうち、リースを構成する部分に配分した金額でリース負債及び使用権資産を計上する。

● X2年3月31日（第1回支払日）

（単位：千円）

リース負債	1,440	現金預金	1,800	$^{(*2)}$
費用	360			$^{(*3)}$
減価償却費	1,440	減価償却累計額	1,440	$^{(*4)}$

$^{(*2)}$リース負債の返済額（7,200千円×1年/5年＝1,440千円）

$^{(*3)}$契約における対価のうち、リースを構成しない部分に配分した金額（1,800千円×1年/5年＝360千円）は、その内容を示す科目で費用に計上する。

$^{(*4)}$減価償却費は借手のリース期間を耐用年数とし、残存価額をゼロとして計算する。（7,200千円×1年/5年＝1,440千円）

以後も同様な会計処理を行う。

2．リースを構成する部分と関連するリースを構成しない部分とを合わせてリースを構成する部分として会計処理する場合（公開草案会計基準第27項）

①　リースを構成する部分とリースを構成しない部分への対価の配分

　　リースを構成する部分と関連するリースを構成しない部分とを合わせてリースを構成する部分として会計処理するため、対価の配分は必要ない。

② **会計処理**

- X1年4月1日（リース開始日）

（単位：千円）

使用権資産	9,000	/	リース負債	9,000	(*1)

(*1) 契約における対価の全額を、リースを構成する部分として、リース負債及び使用権資産を計上する。

- X2年3月31日（第1回支払日）

（単位：千円）

リース負債	1,800	/	現金預金	1,800	(*2)
減価償却費	1,800	/	減価償却累計額	1,800	(*3)

(*2) リース負債の返済額（9,000千円×1年/5年＝1,800千円）

(*3) 減価償却費は借手のリース期間を耐用年数とし、残存価額をゼロとして計算する。（9,000千円×1年/5年＝1,800千円）

以後も同様な会計処理を行う。

第1部　公開草案の徹底解説

第3章 ┃ リース期間

1 ┃ 借手のリース期間の決め方

　借手のリース期間の決定方法は、公開草案において新たに定めがおかれ、従来の基準の考え方とは相違する取扱いとなり、実務上の対応が求められる。

　借手のリース期間の決定は、借手が貸借対照表に計上する資産及び負債の金額に直接重要な影響を及ぼす。公開草案では、従来の解約不能期間に限定せず、オプションの対象期間をリース期間に反映する取扱いを求めている。

　従来の基準では、リース期間は「合意された期間」であるとして、当該リース取引がおかれている状況からみて借手が再リースを行う意思が明らかな場合を除き、再リース期間は解約不能のリース期間に含めないと定めている。延長又は解約オプションの具体的な取扱いには触れておらず、契約上の「解約不能期間」が実質的な「リース期間」となることが一般的であった。

　公開草案では、借手のリース期間について次のように定めている。

《公開草案における借手のリース期間についての定め》(公開草案会計基準第29項)

公開草案　会計基準第29項
借手は、借手のリース期間について、借手が原資産を使用する権利を有する解約不能期間に、次の(i)及び(ii)の両方の期間を加えて決定する。 (i)　借手が行使することが合理的に確実であるリースの延長オプションの対象期間 (ii)　借手が行使しないことが合理的に確実であるリースの解約オプションの対象期間 　借手のみがリースを解約する権利を有している場合、当該権利は借手が利用可能なオプションとして、借手は借手のリース期間を決定するにあたってこれを考慮する。貸手のみがリースを解約する権利を有している場合、当該期間は、借手の解約不能期間に含まれる（公開草案会計基準第29項）。

40

つまり、借手のリース期間は、借手が原資産を使用する権利を有する解約不能期間に、上記のオプション期間(i)及び(ii)の両方の期間を加えた期間となる（公開草案会計基準第14項）。これは、IFRS16の定めと同じであり、不動産賃貸借を含む多様なリース取引について、オプションの期間等をどのように考え、いかなる判断を経て、リース期間を適正に決定するかがポイントとなる。リース期間は、経営者の意思や見込みに基づくのではなく、公開草案会計基準第29項に従い、合理的に決定することを要する。

公開草案会計基準第29項の延長/解約オプション(i)及び(ii)を行使すること/行使しないことが「合理的に確実」であるか等を判定する際に、経済的インセンティブを生じさせる要因を考慮する必要がある。この点につき、公開草案適用指針第15項では次のように定めている。

公開草案	適用指針第15項

借手は、借手が延長オプションを行使すること又は解約オプションを行使しないことが合理的に確実であるかどうかを判定するにあたって、経済的インセンティブを生じさせる要因を考慮する。これには、例えば、次の要因が含まれる（公開草案適用指針第15項）。

(1) 延長又は解約オプションの対象期間に係る契約条件（リース料、違約金、残価保証、購入オプションなど）

(2) 大幅な賃借設備の改良の有無

(3) リースの解約に関連して生じるコスト

(4) 企業の事業内容に照らした原資産の重要性

(5) 延長又は解約オプションの行使条件

以下、(1)から(5)の各要因につき、実務上考慮すべき事項を示す。

⑴　延長又は解約オプションの対象期間に係る契約条件

例をあげると、契約条件が次のように定められている場合、経済的インセンティブを有する可能性がある。

● 延長オプションの対象期間のリース料がマーケットの水準に比して有利な場

合は、借手は、リースを市場水準より有利な条件で継続するために、延長オプションを行使する経済的インセンティブを有する可能性がある。

● 解約オプションの行使に伴うペナルティが多額に及ぶ場合、当該支払いを回避するため、解約オプションを行使しない経済的インセンティブを有する可能性がある。

(2) 大幅な賃借設備の改良の有無

賃借設備には、例えば、建物等に付設した建物附属設備や土地の上に建設した建物等がある。賃借設備の大幅な改良が借手のリース期間の決定に影響を及ぼすか否かは、例えば、賃借設備の改良に必要な金額、移設の可否、資産除去のための金額等の事実及び状況に基づく総合的な判断を要する。改良コストが少額で継続使用もできるケースや、コストを延長オプション行使前に回収可能なケース等においては、経済的インセンティブを生じさせる大幅な賃借設備の改良にはあたらないことも考えられる。

また、設備の改良は、延長オプション等が行使可能となるタイミングまでに実施する予定のものも含まれる。

(3) リースの解約に関連して生じるコスト

解約に関連して生じるコストとして、原資産の撤去コスト、解約違約金（ペナルティ）、代替資産を獲得するためのコスト等が考えられるが、これらのコストが大きくなれば、借手には契約を継続する経済的インセンティブがはたらくと考えられる。

(4) 企業の事業内容に照らした原資産の重要性

原資産が特別仕様である場合、代わりになる資産がほとんどない場合は、原資産の価値は希少となり重要性が大きくなる。こうした場合には、借手は代替資産に置き換えることは困難であり、契約を継続する経済的インセンティブがはたらくと考えられる。

第3章　リース期間

⑸　延長又は解約オプションの行使条件

延長又は解約オプションの行使条件が有利である場合には、経済的インセンティブが生じると考えられる。

これまでみてきたように、借手のリース期間は、経営者の意図や見込みのみに基づく年数ではなく、借手のリース期間には、借手が行使する経済的インセンティブを有するオプションのみを反映させる。借手のリース期間は、借手が延長オプションを行使する経済的インセンティブを有し、当該延長オプションを行使することが合理的に確実か否かの判断の結果によることになる。なお、実務的には、我が国の不動産の賃貸借契約における解約予告期間等の取扱いについては検討を要すると思われる。

借手のリース期間のイメージについて、図表1-6に示した。

図表1-6　借手のリース期間のイメージ図

← 借手のリース期間 →		
⇐ 解約不能期間 ⇒	⇐ 延長/解約オプション期間 ⇒	
	⇐ オプションを行使する/しないことが合理的に確実である期間 ⇒	

2 実務上の懸念とその対応

⑴　「合理的に確実」の判断にバラつきが生じる懸念及び過去実績に偏る懸念

□1 で示した公開草案におけるリース期間の決定方法について、例えば、次のような実務上の懸念が存在する。

- 「合理的に確実」の判断にバラつきが生じる懸念
- 過去実績に偏る懸念

借手が延長オプションを行使する可能性又は解約オプションを行使しない可能性が「合理的に確実」であるか否かの判断にあたっては、借手が行使する経

43

第1部　公開草案の徹底解説

済的インセンティブを有しているオプション期間を借手のリース期間に含めることを踏まえ、これらの懸念への対応も含めて、当該判断の際に考慮すべき経済的インセンティブの例を公開草案適用指針第15項に示している。

　また、借手が特定の種類の資産を通常使用してきた過去の慣行及び経済的理由が、借手のオプションの行使可能性を評価する上で有用な情報を提供する可能性があるものの、一概に過去の慣行に重きをおいてオプションの行使可能性を判断することを求めるものではなく、将来の見積りに焦点を当てる必要がある。合理的に確実か否かの判断は、諸要因を総合的に勘案して行う。

(2)　不動産リースに関する具体的な懸念

　リース物件における附属設備の耐用年数や資産計上された資産除去債務に対応する除去費用の償却期間と、借手のリース期間との整合性を考慮する場合、実務上の負荷が生じるとの懸念がある。これについては、「合理的に確実」かの判定をする際、公開草案適用指針第15項(2)として示された「大幅な賃借設備の改良の有無」を考慮する。

　賃借設備の改良が借手のリース期間の判断に影響を与える「大幅な賃借設備の改良」に該当するか否かは、例えば、賃借設備の改良の金額、移設の可否、資産を除去するための金額等の事実及び状況に基づく総合的な判断が必要になる。また、借手のリース期間とリース物件における附属設備の耐用年数は、相互に影響を及ぼす可能性があるが、それぞれの決定における判断及びその閾値は異なるため、借手のリース期間とリース物件における附属設備の耐用年数は、必ずしも整合しない場合がある。

　なお、不動産リースに関する懸念として、その他、普通借地契約及び普通借家契約につき、借手のリース期間を判断することに困難が伴う、との議論もあったが、当該論点については、公開草案において実務上の判断に資する設例が示されている。

第3章　リース期間

3 リース期間中におけるリース期間の見直し

　従来の基準では、リース期間中においてリース期間に変更があった場合の取扱いについての定めはなかった。公開草案では、借手のリース期間の見直しに関する定めをおいた。具体的には、以下の事象が生じた場合に、リース期間を見直すとともにリース負債の計上額を見直す必要がある。

《公開草案会計基準第37項、第39項、第40項、公開草案適用指針第42項、第43項(1)》

(a)　条件変更に伴いリース期間の変更が生じたケース（公開草案会計基準第37項(2)、公開草案適用指針第42項）

(b)　条件変更が生じていない場合で、延長オプションの行使等に伴い借手の解約不能期間に変更が生じたケース（公開草案会計基準第40項、公開草案適用指針第43項(1)）

(c)　条件変更が生じていない場合で、次の(i)及び(ii)のいずれも満たす重要な事象又は重要な状況が生じたケース（公開草案会計基準第39項、公開草案適用指針第43項(1)）

(i)　借手の統制下にあること

(ii)　延長オプションを行使すること又は解約オプションを行使しないことが合理的に確実であるかどうかの借手の決定に影響を与えること

　(c)については、原資産を使用する状況が変わるなど契約の内容とは関係がないケースも含まれる。このため、例えば、延長オプションを含むリースを多数契約している借手においては、リース期間の変更に影響を与える事象や状況を網羅的に把握する方法や仕組みを検討する必要がある。

　なお、「(i)借手の統制下にあること」とは、例えば、リース開始日には想定していなかった大幅な賃借設備の改良を行うこと、あるいは、事業単位の拡大や縮小を受けて使用している原資産につき今後の使用方針を変更することなどが考えられる。

45

第1部　公開草案の徹底解説

4　貸手のリース期間

　貸手は、貸手のリース期間につき、借手が原資産を使用する権利を有する解約不能期間に、リースが置かれている状況からみて借手が再リースする意思が明らかな場合の再リース期間を加えて決定する（公開草案会計基準第30項）。

　この取扱いは、国際的な会計基準との整合性を図らずに、従来の基準の定めを踏襲するものである。貸手は、借手による延長又は解約オプションの行使可能性が合理的に確実か否かを評価することが難しいことに加え、公開草案は、主として借手の会計処理に係る改正を行う目的であることが、従来の基準の取扱いを踏襲した理由である。

5　事例等に基づく具体的な借手のリース期間の決定方法

　第3章のまとめの観点から、具体的な借手のリース期間の決定方法について、事例（事例7）に基づいて説明する。その前にまずは、不動産賃貸借契約（普通借家契約）において、次の前提をおいて、延長オプションを含むか否かの判断の一例を示す。

《前提》
- ✓ 顧客（借手）が不動産会社（貸手）と建物の賃貸借契約（普通借家契約）を締結し、公開草案適用指針第5項に従って、当該契約がリースを含むと判断されるとする。
- ✓ 当該賃貸借契約の契約期間は2年だが、顧客が3か月前に解約の旨を通知すれば契約を解約できる。
- ✓ 契約期間は2年だが、借地借家法により、貸手は、正当な事由がある場合でなければ、更新の拒絶の通知を行うことができない。

　借手のリース期間を決定するにあたり、解約不能期間である3か月を超えて、借手が行使することが合理的に確実であるリースの延長オプションの対象期間及び借手が行使しないことが合理的に確実であるリースの解約オプションの対

象期間を考慮することとなる（公開草案会計基準第29項）。借手が延長オプション
を行使すること又は解約オプションを行使しないことが合理的に確実であるか
どうかの判断は、すべての事実及び状況を考慮した判断が必要となる。

　このような不動産賃貸借契約（普通借家契約）は、個人利用での賃貸借以外に
も、オフィスや店舗用の建物に係る賃貸借、事業展開用の店舗の建物に係る賃
貸借、新規出店店舗用土地に係る賃貸借など、さまざま考えられる。それを前
提に付け加えると、「すべての事実及び状況を考慮した判断」とは、例えば、事
業計画等の実現可能性、該当事業の安定性、今後の事業展開の安定性、建物等
の物理的使用可能期間、代替資産の調達可能性やカスタマイズの有無、原資産
に付設された資産の有無、契約終了や解約に伴うペナルティー支払いの有無、
返却に伴うコストの有無、顧客の投資回収期間、店舗やオフィスの平均賃貸期
間、建物の転貸可能性などを考慮することが考えられる。また、公開草案適用
指針第15項に「経済的インセンティブを生じさせる要因」として示されている
次の事項もあわせて考慮し、自社や顧客がおかれている外部環境や事業環境の
もとで総合的にこれらを勘案して評価し、リース期間を決定する。

➢延長又は解約オプションの対象期間に係る契約条件（リース料、違約金、残価
　保証、購入オプションなど）

➢大幅な賃借設備の改良の有無

➢リースの解約に関連して生じるコスト

➢企業の事業内容に照らした原資産の重要性

➢延長又は解約オプションの行使条件

　以下、事例7において、普通借家契約における借手のリース期間の決定に関
して、基本的な考え方や判断の仕方の例を示す。

事例7　延長オプションを行使することが合理的に確実である場合

《前提》

✓顧客（借手）は、公開草案適用指針第5項に従い、本契約がリースを含
　むと判断している。また、2年を超える期間につき借手のリース期間を

第1部　公開草案の徹底解説

決定するための延長オプションを有すると判断した。

✓ 顧客は、事業展開している新規事業の店舗として使うため、不動産会社が保有する建物の複数階を店舗兼事務所として使用する。このため、不動産会社と普通借家契約の賃貸借契約を締結した。

✓ 当該賃貸契約の契約期間は2年であり、顧客は2年の間契約を中途解約できないが、2年経過後は、更新時市場レートの賃貸料で契約を更新できる。

✓ 顧客は、契約開始時点において、当該店舗兼事務所において新規事業を少なくとも数年の間は継続するとする事業計画を策定している。

✓ 顧客は、この新規事業について、多角化経営を志向する中期経営計画の柱の一つとして有望視しており、早期に利益体質に転換すべく多方面から下支えや梃入れを検討している。

✓ 当該店舗兼事務所に、重要な内装や簡易設備を施した（建物附属設備の設置）がこの物理的使用期間は18年と見積もっている。

✓ 顧客の他の事業における店舗や事務所の平均賃貸期間は15年である。

✓ 当該店舗兼事務所の立地は、現在の顧客の新規事業にとって比較的いい条件を具備しており、この水準を超える条件で店舗兼事務所を別に見出すことは困難と判断している。

　事例7における借手のリース期間の決定について、例えば、以下のように検討する。

　賃貸借契約の解約不能期間は2年だが、《前提》により顧客は2年を超える期間について借手のリース期間を決定するための延長オプションを有すると判断した。

　このため、借手のリース期間の決定にあたり、公開草案会計基準第29項に従い、当該解約不能期間を超えて、借手が行使することが合理的に確実であるリースの延長オプションの対象期間及び借手が行使しないことが合理的に確実であるリースの解約オプションの対象期間を考慮することとなる。

　顧客は、当該店舗兼事務所で新規事業を少なくとも数年の間は継続する

48

とする事業計画をたて、また、中期経営計画の柱の一つとして多方面から下支えや梃入れを検討していること等から、借手のリース期間は必ずしも建物附属設備の物理的使用期間である18年とはならない。

事業計画では新規事業を少なくとも数年間継続することとしているが、店舗の立地が当該新規事業にとっていい条件であり、他に物件が見つかりにくそうなため、借手のリース期間は必ずしも2年に限定されない。

顧客は、リース開始日において、借手のリース期間として確実である2年の解約不能期間を出発点として、店舗兼事務所の立地、事業計画等の実現可能性、新規事業展開の安定性、立地、18年という建物附属設備の物理的使用可能期間、店舗や事務所の平均賃期間などを考慮したうえで、併せて、公開草案適用指針第15項に示された「経済的インセンティブを生じさせる要因」も含めた要因を自社の事業環境のもとで総合的に勘案して評価する。

評価にあたり、その期間までは延長する可能性が合理的に確実といえるまで高いが、その期間を超えると合理的に確実よりは延長する可能性が低下すると判断するその期間を借手のリース期間として決定する。事例7においては、これらを評価した結果、リースを延長する経済的インセンティブが存在するため、顧客が借手のリース期間について2年を超えると判断する蓋然性は高いと考えられる。

なお、こうしたオプション行使が絡む借手のリース期間の決定に関して、一般的には、上記のほか次のことにも留意する必要がある。

- 予想される投資の回収期間は、投資が順調であるか否かを判断するための指標として有用だが、借手のリース期間の決定に直接的な影響を与えることはない場合がある。
- 物件の物理的使用可能期間は、借手のリース期間の決定に際して考慮すべき点の一つではあるものの、他の諸要因との関連から、当該年数をそのまま「借手のリース期間」とすることはできないケースが考えられる。
- 賃貸借契約の開始時点での事業計画における事業の継続見込み年数は、事業計画の実現可能性（計画の下振れリスク）や事業展開の不確実性に係

第1部　公開草案の徹底解説

る先行き不透明度等との関連から、当該年数をそのまま「借手のリース
期間」とすることはできないケースが考えられる。

6 リース期間についての実務上の留意事項

　リース期間は、公開草案の定めが従来の基準から大きく変わった論点の一つ
である。また、リース期間は、使用権資産及びリース負債の額やその後の損益
計算にも影響を及ぼす。実務対応を検討するにあたっての留意事項は、例えば、
次の通りである。

✓他の会計処理やその前提条件との整合に注意が必要である。例えば、①資産
　除去債務に対応する除去費用の償却期間、②減損会計を適用する前提となる
　キャッシュ・フローの見積り期間、③リース物件における附属設備の耐用年
　数など、関連する使用権資産のリース期間との整合を図る必要がある。

✓リース期間について、オプションの対象期間をリース期間に反映するなどの
　変更があるため、契約期間とは異なるリース期間に事後的に変更になる場合
　がある。リース期間は、リース契約管理上重要なだけでなく、使用権資産や
　リース負債の額など重要な会計数値に影響を及ぼすため、システムの機能強
　化を含め体制構築やオペレーション対応を検討する必要がある。

✓不動産賃貸借契約は金額規模が膨らむことがあり、店舗を賃借する小売業等
　や、多くの借上社宅などの対象不動産を有する企業等への影響が大きい。リー
　ス契約管理を徹底することに加え、従来、不動産管理部門や総務部門が主管
　していた当該契約につき、経理財務部門でも管理や会計処理を行う必要が生
　じるため、業務フロー変更等の検討を要する場合がある。

第4章　借手のリース　その1　借手の会計処理の全体像とその影響

第4章　借手のリース　その1　借手の会計処理の全体像とその影響

　借手のリースの費用配分の方法として、IFRS16では、すべてのリースを借手に対する金融の提供と捉え使用権資産に係る減価償却費及びリース負債に係る金利費用を別個に認識する「単一の会計処理モデル」を採っている。

　公開草案でも、借手のリースの費用配分の方法につき、IFRS16と同様、リースがファイナンス・リースかオペレーティング・リースかに関わらず、その区分を廃止し、すべてのリースを金融の提供と捉え使用権資産に係る減価償却費及びリース負債に係る利息相当額を計上する「単一の会計処理モデル」によることとした（図表1-2参照）。

1　借手の当初の会計処理

　借手の当初の会計処理は次の通りである。

- リース開始日にリース負債を計上する。また、当該リース負債にリース開始日までに支払った借手のリース料及び付随費用を加算した額により使用権資産を計上する（公開草案会計基準第31項）。
- 借手は、リース負債の計上額を算定するにあたって、原則として、リース開始日において未払いである借手のリース料からこれに含まれている利息相当額の合理的な見積額を控除し、現在価値により算定する（公開草案会計基準第32項）。
- その後、使用権資産をリース期間にわたり定額法により減価償却を通じて費用化し、リース負債残高に応じた利息費用を計上する。利息相当額については、借手のリース期間にわたり、原則利息法（実効金利法）に基づき各期に費用配分する（公開草案会計基準第34項）。

第1部 公開草案の徹底解説

2 借手の会計処理のイメージ

⑴ 資産負債の当初の計上イメージ

　使用権資産は、公開草案会計基準第32項に示した方法により算定したリース負債の額に、「リース開始日までに支払った借手のリース料及び付随費用を加えた額（＝当初直接コスト）」により計上する。図表1-7に資産負債計上のイメージを示した。

図表1-7　使用権資産及びリース負債計上のイメージ図

支払リース料の
現在価値＋当初直接コスト

支払リース科の
現在価値により測定

使用権資産　　リース負債

⑵ トップヘビーな費用計上のイメージ

　原則すべてのリースについて実効金利法（利息法）に基づき各期に費用配分するため、リース負債残高の大きいリース期間前半により多くの費用が配分されるトップヘビーな「逓減型」の費用配分となる。図表1-8に費用計上のイメージを示すとともに、従来のオペレーティング・リースの費用配分との比較も示した。

図表1-8　トップヘビーな費用配分のイメージ図

3　従来のオペレーティング・リースへの影響

　従来の基準でオペレーティング・リースに分類されている取引について、会計処理上は、例えば、以下の影響が生じる可能性がある。

- 従来の基準では貸借対照表上に計上してこなかった「使用権資産」「リース負債」が貸借対照表に計上される。使用権資産は減価償却により費用配分を行い、利息相当額については利息法（実効金利法）により配分する。このため、定額での費用配分であった従来の基準下と比べ、費用が前倒し計上される。
- 多額のオペレーティング・リースに当該処理を適用すると、リース料の額やリース期間によっては、貸借対照表に大きな影響が生じる。
- 店舗及びオフィス、借上社宅を含む不動産賃貸借に係る取引を含め従来のオペレーティング・リースの取扱いが大きい場合には、トップヘビーな費用配分により期間損益への影響があるとともに、総資産（資産負債）が膨らみ、経営管理指標や財務指標に影響を及ぼす可能性がある。

第1部　公開草案の徹底解説

4 経営管理指標、財務指標等への影響

　既述の通り、従来の基準でオペレーティング・リースに分類されてきたリースも含めて、原則としてすべてのリースをオンバランスすることで想定される経営管理指標、財務指標等への主な影響な影響は以下の通りである。

> ✓ 従来の基準では、賃借料等を営業費用で計上してきたが、公開草案では、減価償却費（営業費用）と利息費用相当分の支払利息（営業外費用）とに分けて計上するため、営業利益やEBITDA〔税引前当期純利益＋特別損益＋支払利息＋減価償却費〕が改善する可能性がある。
>
> ✓ 一方、インタレスト・カバレッジ・レシオ〔（税引前当期純利益＋支払利息－受取利息）/支払利息〕は、支払利息の増加に伴い、悪化する可能性がある。
>
> ✓ ROA（利益/総資産）、総資本回転率（売上高/総資本（＝総資産））、自己資本比率〔資本/（総負債＋資本)〕、負債比率（負債/資本）、流動比率（流動資産/流動負債）等の財務指標比率が悪化する可能性がある。
>
> ✓ ROAや総資本回転率の悪化は資産効率や投資効率の判断に影響する可能性があり、また、負債比率の悪化は、格付けや財務制限条項等に影響する可能性がある。
>
> ✓ 従来、リース料の支払いは、営業活動によるキャッシュ・フローに含められていた。公開草案では、リース負債の返済及び支払利息の計上として財務活動によるキャッシュ・フローとして分類されることで営業キャッシュ・フローが増加する可能性がある。一方、財務キャッシュ・フローは減少する可能性がある。
>
> ✓ 従来オフバランスで新たに計上した使用権資産の減価償却費は、営業活動によるキャッシュ・フローの増加になる。

　この他、経営の観点からは、総資産、営業利益や純利益にも影響を及ぼす可能性もあるため、KPIの見直しや予算策定方法の変更、あるいは中期経営計画

54

の再検討などが必要になる可能性がある。併せて、IR等におけるステークホルダーに対する業績説明の方法について検討を要する可能性がある。

5 借手の貸借対照表に係る会計処理ステップ

リースの当初の条件の一部ではないリースの範囲や対価を変更したり、リース期間やリース料等を事後的に変更するケース等が生じることがある。このようなリース負債の見直し等を伴う、いわゆる「事後測定のケース」に至る前の、当初の借手の貸借対照表に係る会計処理ステップを図表1-9に示した。

図表1-9　借手の貸借対照表に係る会計処理ステップ

| リース要素と非リース要素（サービス等）を区分する |

| リース期間を決定する |

| リース期間に基づき借手のリース料（リース料総額）を算定する |

| 割引率を決定する |

| 借手のリース料（リース料総額）を現在価値に割引きリース負債を算定する |

| リース負債の額に当初直接コスト等を加減算し使用権資産を算定する |

第1部　公開草案の徹底解説

第5章　借手のリース　その2　使用権資産とリース負債の計上

1　公開草案の定め

公開草案では、使用権資産とリース負債の計上につき次の定めをおいている。

> **公開草案** 会計基準第31項・第32項
>
> 　借手は、リース開始日に、原則として、同日において未払である借手の
> リース料からこれに含まれている利息相当額の合理的な見積額を控除し、
> 現在価値により算定する方法によりリース負債を計上する。また、当該リー
> ス負債にリース開始日までに支払った借手のリース料及び付随費用を加算
> した額により使用権資産を計上する（公開草案会計基準第31項、第32項）。

　従来の基準では、リース料の合計につき「リース料総額」として処理してき
たが、公開草案会計基準第31項、第32項では「借手のリース料」という考え方
が示されている。「借手のリース料」については以下の **3** で取扱う。

　公開草案が示す「単一の会計処理モデル」による会計処理の主なポイントは
次の通りである。

- すべてのリースにつき、貸借対照表の借方に「使用権資産」を計上し、
  その相手勘定として貸方に「リース負債」を計上する。リース負債は金
  融負債として扱う。
- 借手のリース料の支払いは元本返済と利息の支払いとして会計処理し、
  支払利息は原則として利息法（実効金利法）に基づき各期に期間配分する。
- 利息法による期間配分によれば、リース料の支払いが進むにつれ負債元
  本残高は減少し、支払利息は逓減する（負債元本返済額は逓増する）。
- 支払利息は逓減するため、当初は利息費用が大きく費用が前倒し計上さ
  れる。

2 従来の基準におけるファイナンス・リースとの異同

(1) 資産負債の計上額の算定方法

　従来の基準では、所有権移転外ファイナンス・リースのリース資産及びリース債務の計上額について、リース料総額の割引現在価値と、貸手の購入価額等又は借手の見積現金購入価額のいずれか低い額によるとしていた。これは、リース債務の評価の側面だけでなくリース資産の評価の側面も併せて考慮していることによる。

　従来の基準の考え方について、図表1-10にファイナンス・リースの判定に用いる現在価値基準のイメージ図を、図表1-11にリース資産及びリース債務の計上方法を示した。

図表1-10　ファイナンス・リースの判定に用いる現在価値基準（従来の基準）

図表1-11 リース資産及びリース債務の計上方法（従来の基準）

　一方、公開草案では、ファイナンス・リースに限らず、借手のすべてのリースにつき資産及び負債を計上することを求めているため、従来の基準のように貸手の購入価額等又は借手の見積現金購入価額と比較を行う方法を踏襲せず、借手のリース料の現在価値を基礎として、使用権資産の計上額を算定することとした。これはIFRS16と整合的な定めとなっている。

(2) 資産負債の計上額とリース料総額との関係

　公開草案では、「借手は、リース開始日に、借手のリース料から利息相当額の合理的な見積額を控除し現在価値によりリース負債を算定する、また、同額をもとに使用権資産を計上する」としている。

　従来の基準でも、「リース契約時に合意されたリース料総額から利息相当額を控除した額をリース資産及びリース債務の計上額とする」としている。また、リース負債（及びリース資産）はリース料総額の現在価値を基礎として算定して

第5章　借手のリース　その2　使用権資産とリース負債の計上

きたため、「リース料総額」が「借手のリース料」として定義されたことによる
影響を除き、使用権資産及びリース負債の計上額とリース料総額との関係、利
息相当額との関係は、公開草案でも実質的に変わりはない。

⑶　現在価値算定に用いる割引率

借手がリース負債の現在価値の算定に用いる割引率は、貸手の計算利子率を
借手が知り得るときにはこれによるが、知り得ないときには借手が割引率を見
積ることになり、借手の追加借入に適用されると合理的に見積られる利率によ
る（公開草案適用指針第34項）。

公開草案における割引率の考え方自体は従来の基準と比べ大きな違いはない。
実務上は、貸手が適用する内部利益率である「貸手の計算利子率」を借手が知
り得ることはまれなため、借手の追加借入に適用されると合理的に見積られる
利率（追加借入利子率）によることになる。この利率には、例えば、次のような
利率を含む。

（ⅰ）　借手のリース期間と同一の期間におけるスワップレートに借手の信用
　　スプレッドを加味した利率
（ⅱ）　新規長期借入金等の利率
　　①　契約時点の利率
　　②　契約が行われた月の月初又は月末の利率
　　③　契約が行われた月の平均利率
　　④　契約が行われた半期の平均利率

なお、(ⅱ)の場合には、借手のリース期間と同一の期間の借入れを行う場合に
適用される利率を用いる。

⑷　利息相当額の各期への配分

利息相当額の各期への配分について、公開草案は次のように定めている。

第1部　公開草案の徹底解説

公開草案　適用指針第35項・第36項、会計基準第34項

✓借手のリース料は、原則として、利息相当額部分とリース負債の元本返済額部分とに区分計算し、前者は支払利息として会計処理を行い、後者はリース負債の元本返済として会計処理を行う。借手のリース期間にわたる利息相当額の総額は、リース開始日における借手のリース料とリース負債の計上額との差額になる（公開草案適用指針第35項）。

✓利息相当額の総額を借手のリース期間中の各期に配分する方法は、原則として、利息法による（公開草案会計基準第34項）。利息法においては、各期の利息相当額をリース負債の未返済元本残高に一定の利率を乗じて算定する（公開草案適用指針第36項）。

　ここで、利息法とは、各期の支払利息について、リース債務の未返済残高に一定の利率を乗じて算定する方法だが、この「一定の利率」とは次の算式における r として計算される。

$$I = p_0 + \frac{p_1}{(1+r)} + \frac{p_2}{(1+r)^2} + \frac{p_3}{(1+r)^3} + \cdots + \frac{p_{n-1}}{(1+r)^{n-1}} + \frac{p_n}{(1+r)^n}$$

I：リース資産計上価額、p_0〜p_n：リース料総額の毎期（月）の支払額（割安購入選択権の行使価額や残価保証額も含む。）で前払リース料がある場合を前提とする。

　利息法を適用すると、リース期間の前半に支払利息が多額に計上される一方、後半に計上される支払利息は小さくなる。この取扱いは従来の基準と変わらない。

　リース開始日における借手のリース料とリース負債の計上額との差額は、利息相当額として取り扱い、リース期間にわたり各期に配分する。当該利息相当額の各期への配分は利息法（実効金利法）による。この配分の考え方は従来の基準のファイナンス・リースの取扱いと同様だが、公開草案では、借手が簡便的な取扱いを選択する場合を除き、すべてのリース（従来はファイナンス・リース取引のみが対象）について当該会計処理を行う点が相違する。

第 5 章　借手のリース　その 2　使用権資産とリース負債の計上

3　借手のリース料

借手のリース料は、借手が借手のリース期間中に原資産を使用する権利に関して行う貸手に対する支払であり、次の(i)から(v)の支払で構成される（公開草案会計基準第33項）。

(i)　借手の固定リース料

(ii)　指数又はレートに応じて決まる借手の変動リース料

(iii)　残価保証に係る借手による支払見込額

(iv)　借手が行使することが合理的に確実である購入オプションの行使価額

(v)　リースの解約に対する違約金の借手による支払額（借手のリース期間に借手による解約オプションの行使を反映している場合）

公開草案では、従来の基準では明示されていなかった借手のリース料につき、IFRS16と同様に、借手が借手のリース期間中に原資産を使用する権利に関して貸手に対して行う支払として上記(i)～(v)を定めた。

(1)　指数又はレートに応じて決まる借手の変動リース料

従来の基準では、「典型的なリース取引」を適用対象としており、例えば、リース料が売上高等の将来の一定の指標により変動するリース料、など典型的でない又は特殊なリース取引については定めがなかった。公開草案では、変動リース料のうち指数又はレートに応じて決まるものを借手のリース料として取り扱っている。具体的には、(ii)の「指数又はレートに応じて決まる借手の変動リース料」につき次の定めをおいている。

公開草案	適用指針第21項・第22項・第23項・第45項

- 市場における賃貸料の変動を反映するよう当事者間の協議により見直されることが契約条件で定められているリース料が含まれる（公開草案適用指針第21項）。

- リース開始日には、借手のリース期間にわたりリース開始日現在の指数又はレートに基づきリース料を算定する（公開草案適用指針第22項）。

61

第 1 部　公開草案の徹底解説

- ただし、借手は、指数又はレートに応じて決まる借手の変動リース料につき、合理的な根拠により当該指数又はレートの将来の変動を見積れる場合、リース料が参照する当該指数又はレートの将来の変動を見積り、当該見積られた指数又はレートに基づきリース料及びリース負債を算定することを、リースごとにリース開始日に選択することができる（公開草案適用指針第23項）。
- 指数又はレートの変動により、今後支払うリース料に変動が生じたときに、借手の残存リース期間にわたり、変動後の指数又はレートに基づきリース料を算定しなおし、リース負債を修正する（公開草案適用指針第45項）。

　公開草案適用指針第21項に定める「市場における賃貸料の変動を反映するよう当事者間の協議により見直されることが契約条件で定められているリース料」について、例えば、次のような条項が該当することになる。
- 不動産リースにおいて、契約期間内における地価やその他経済事情の変化の影響を考慮して定期的にリース料を見直す等の条項
- 消費者物価指数等の特定の指標をもとに自動的にリース料を改定する等の条項

　公開草案では、IFRS16と同様、参照する指数又はレートがリース開始日以降にリース期間にわたり変動しないとみなしてリース負債を測定する定めをおいている。
　一方、将来の変動を見積るとする公開草案適用指針第23項の「例外的な取扱い」を採る場合、決算日ごとに参照する指数又はレートの将来の変動を見積り、当該見積られた指数又はレートに基づきリース料及びリース負債を見直す必要がある。さらに当該取扱いを選択した旨及びその内容を「会計方針に関する情報」として注記し、当該選択をしたリースに係るリース負債が含まれる科目及び金額の開示を要する。（公開草案適用指針第95項）。
　借手の変動リース料のうち、将来の一定の指標に連動して支払額が変動する

ものの具体例として次のものが考えられる。

(i) 指数又はレートに応じて決まる借手の変動リース料（例えば、消費者物価指数の変動に連動するリース料）

(ii) 原資産から得られる借手の業績に連動して支払額が変動するリース料（例えば、テナント等の原資産を利用することで得られた売上高の所定の割合を基礎とすると定めているようなリース料）

(iii) 原資産の使用に連動して支払額が変動するリース料（例えば、原資産の使用量が所定の値を超えた場合に、追加のリース料が生じるようなリース料）

(i)について、当該リース料は借手の将来の活動に左右されず、将来のリース料の金額に不確実性があるものの、借手はリース料を支払う義務を回避できない。これは、IFRS16においては負債の定義を満たす。公開草案においても、IFRS16との整合も踏まえて当該変動リース料をリース負債の計上額に含める。

(ii)及び(iii)のリース料は、借手の将来の活動を通じリース料の支払義務を回避できる。このため、リース料の支払が要求される将来事象が生じるまではIFRS16においても負債の定義を満たさないとも考えられる。この点、国際的なコンセンサスも得られておらず、IFRS16との整合も考慮して、公開草案では、当該リース料はリース負債の計上額に含めない。

なお、借手の変動リース料には、形式上は一定の指標に連動して変動する可能性があるが実質上は支払が不可避である、又は、変動可能性が解消され支払額が固定化されるものがある。当該リース料の経済実態は借手の固定リース料に近いので借手の固定リース料と同様にリース負債の計上額に含める。当該リース料として、例えば、リース開始日では原資産の使用に連動するが、リース開始日後のある時点で変動可能性が解消され、残リース期間で支払が固定化されるリース料等が該当する。

また、借手は、リース負債の計上額に含めなかった借手の変動リース料について、当該変動リース料の発生時に損益に計上する。

第 1 部　公開草案の徹底解説

(2)　残価保証に係る借手による支払見込額

　「残価保証」とは、リース終了時に、原資産の価値が契約上取り決めた保証価額に満たない場合、その不足額について貸手と関連のない者が貸手に対して支払う義務を課せられる条件をいう（公開草案会計基準第20項）。

　保証に係る借手による支払見込額について、従来の基準では、所有権移転外ファイナンス・リース取引のリース料において残価保証額を含めていた。公開草案ではファイナンス・リース及びオペレーティング・リースの区分を廃し、IFRS16と同様、借手のリース料の定義を「借手が借手のリース期間中に原資産を使用する権利に関して行う貸手に対する支払」として、借手が支払うと見込む金額（残価保証額から原資産の価値を控除した額）を借手のリース料に含めている。

　このため、負債の金額が変わる可能性がある。残価保証支払見込額が変動すれば、借手のリース料の変更として、リース負債の見直しを行う（公開草案会計基準第38項(2)、公開草案適用指針第44項(2)）。残価保証を含むリースでは、借手は、リース開始日以降リース期間にわたり、残価保証に係る借手の支払見込額を見積る必要がある。

　また、残価保証の取決めがある場合、従来の基準では、リース資産について、当該保証額を残存価額として減価償却を行ってきた。一方、公開草案では、残価保証の取決めがある場合でも、使用権資産について、残存価額はゼロとして減価償却を行う（公開草案会計基準第36項）。

　なお、借手が支払見込額を見積ることが困難な場合に、残価保証額で代替する等の簡便的な取扱いは認めていない。

(3)　借手が行使することが合理的に確実である購入オプションの行使価額

　従来の基準では、本価額に、所有権移転ファイナンス・リース取引のリース料において、リース契約上、リース期間終了後又はリース期間の中途で、名目的価額又はその行使時点の原資産の価額に比して著しく有利な価額で借手が買い取る権利（割安購入選択権）が与えられている場合の行使価額を含めていた。

　公開草案では、購入オプションは実質的にリース期間を延長する最終的なオプションと考えるため、借手のリース期間を延長するオプションと同じ方法で

64

第5章　借手のリース　その2　使用権資産とリース負債の計上

リース負債に含める。つまり、借手のリース期間の判断と整合的に、借手が行使することが合理的に確実である購入オプションの行使価額をリース負債に含める。これもIFRS16と整合する取扱いである。

4　使用権資産及びリース負債計上に伴う実務上の留意事項

　以上、使用権資産及びリース負債計上について、従来の基準下での取扱いとの比較を交えて説明してきたが、実際の実務対応を検討するにあたっての留意事項は、例えば、次の通りである。

✓使用権資産及びリース負債の計上に必要な情報が従来に比して多岐にわたるため、実務上、タイムリーで適正な情報収集と、正確な現在価値計算が求められる。

✓リースの判定を経て使用権資産とリース負債の当初測定が求められるため、リース契約プロセスでの経理部門の関与や部門間の情報の共有など、オペレーションの見直しも含め検討することが望まれる。

✓使用権資産及びリース負債は当初測定の後もリース期間中に事後的な見積りの見直しもあり、継続的な帳簿管理を要する。使用権資産はさらに減損への対応も加わる。これらの対応にあたり、帳簿管理に資する固定資産台帳のような機能を果たす仕組みを取り入れることも検討を要する。

　使用権資産及びリース負債の計上に係るイメージを図表1-12に示した。

図表1-12　使用権資産及びリース負債の計上に係るイメージ図

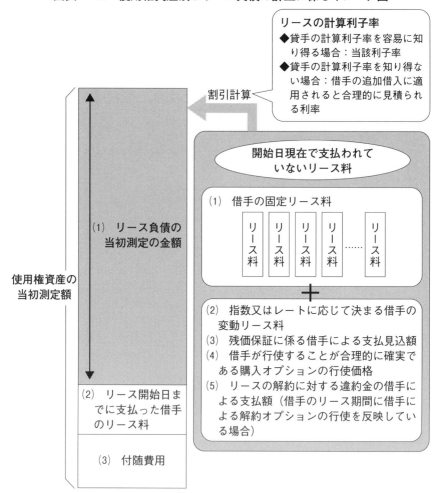

第6章　借手のリース　その3　使用権資産の償却

第6章 ┃ 借手のリース　その3　使用権資産の償却

　使用権資産の償却について、公開草案では、従来の基準と基本的に同様の会計処理を求め、従来の基準を踏襲しているので、まずは従来の基準を確認する。

1 ┃ 従来の基準の定め

　従来の基準では、ファイナンス・リース取引及びオペレーティング・リース取引の区分があり、ファイナンス・リース取引における所有権移転取引及び所有権移転外取引の区分も存在した。その前提でリース資産の減価償却に係る取扱いをまとめたのが図表1-13である。

図表1-13　従来の基準におけるリース資産の減価償却の取扱い

所有権移転ファイナンス・リース取引	所有権移転外ファイナンス・リース取引
【減価償却の方法】 自己所有と同種の固定資産と同じ方法	【減価償却の方法】 実態に応じて定額法、級数法、生産高比例法等の中から選択
【耐用年数】 経済的使用可能予測期間	【耐用年数】 リース期間（再リース期間を判定に含めた場合は再リース期間を耐用年数に加算）
【残存価額】 合理的な見積額	【残存価額】 原則としてゼロ （残価保証があれば残存価額とする）

2 ┃ 公開草案の定め

　公開草案でも以下の通り従来の基準（図表1-13参照）と同様の定めをおいている。

公開草案　会計基準第35項

● 契約上の諸条件に照らして原資産の所有権が借手に移転すると認められ

67

第1部　公開草案の徹底解説

るリースに係る使用権資産の減価償却費は、原資産を自ら所有していた
と仮定した場合に適用する減価償却方法と同一の方法により算定する。
この場合の耐用年数は、経済的使用可能予測期間とし、残存価額は合理
的な見積額とする（公開草案会計基準第35項）。

● 契約上の諸条件に照らして原資産の所有権が借手に移転すると認められ
るリース以外のリースに係る使用権資産の減価償却費は、定額法等の減
価償却方法の中から企業の実態に応じたものを選択適用した方法により
算定し、原資産を自ら所有していたと仮定した場合に適用する減価償却
方法と同一の方法により減価償却費を算定する必要はない。この場合、
原則として、借手のリース期間を耐用年数とし、残存価額をゼロとする
（公開草案会計基準第35項）。

公開草案　適用指針第40項

公開草案会計基準第35項における契約上の諸条件に照らして原資産の所
有権が借手に移転すると認められるリースとは、次の(i)から(iii)のいずれか
に該当するものをいう（公開草案適用指針第40項）。

(i)　契約上、契約に定められた期間（「契約期間」）終了後又は契約期間の中
途で、原資産の所有権が借手に移転することとされているリース

(ii)　契約期間終了後又は契約期間の中途で、借手による購入オプションの
行使が合理的に確実であるリース

(iii)　原資産が、借手の用途等に合わせて特別の仕様により製作又は建設さ
れたものであって、当該原資産の返還後、貸手が第三者に再びリース又
は売却することが困難であるため、その使用可能期間を通じて借手によっ
てのみ使用されることが明らかなリース

この定めも従来の基準と同じである。

公開草案では、ファイナンス・リース取引及びオペレーティング・リース取
引の区分や、所有権移転取引及び所有権移転外取引の区分を撤廃したが、使用
権資産償却の考え方や方法については、基本的には従来のファイナンス・リー

スの取扱いを踏襲しており実務対応上の大きな変更点はない。契約上の諸条件に照らし原資産の所有権が借手に移転するか否かの判断をしたうえで償却方法や耐用年数等を決める。したがって、図表1-13で示した取扱いが公開草案でも踏襲されている。契約上の諸条件に照らし、原資産の所有権が借手に移転するか否かの判断を行ったうえで償却方法や耐用年数等を決めることがポイントとなる。

また、原資産の所有権が借手に移転するリース以外のリース取引では、リース期間を耐用年数とするが、実態に応じて、借手のリース期間より短い使用権資産の耐用年数により減価償却費を算定することもできる。償却方法についても、原資産の取得とは異なる性質を有するため、企業の実態に応じて、原資産を自ら所有していたとしたら適用する減価償却方法と異なる償却方法を選択できる等、従来の基準の定めを踏襲している。

なお、公開草案でも、使用権資産総額に重要性が乏しい場合の簡便的な取扱いが定められており、こちらも従来の実務を踏襲している。この点は、第7章で説明する。

3 公開草案において従来の基準から変更した点

(1) 残存価額と残価保証額

従来の基準では、所有権移転外ファイナンス・リース取引について契約上に残価保証の取決めがある場合、原則として、当該残価保証額を残存価額としていた。

一方、公開草案では、残価保証額を残存価額にするのではなく、残価保証に係る借手による支払見込額が借手のリース料を構成する。残価保証の取り決めがある場合でも、使用権資産について、残存価額をゼロとして減価償却を行う（公開草案会計基準第36項）。

(2) 購入オプション

従来の基準では、購入オプションにつき、リース契約上、借手に対し割安購

第1部　公開草案の徹底解説

入選択権が与えられ、その行使が確実に予想される場合としていた。

　一方、公開草案では購入オプションの行使が合理的に確実である場合に変更している（公開草案適用指針第40項）。これは、割安かどうかだけでなく他の要因も考慮して購入オプションの行使が合理的に確実な場合とする方が、借手への所有権移転の可能性を反映して減価償却費を算定することが可能になるからである。

4 使用権資産の減損等に係る実務上の留意事項

　以上、使用権資産の償却について、従来の基準下での取扱いとの比較も含め説明してきた。実際の実務対応を検討するにあたっての留意事項は、例えば、次の通りである。

✓使用権資産の帳簿が増加する前提で、減損損失が生じる可能性について、例えば、次のケースが想定される

　● 回収可能価額がマイナスの資金生成単位に使用権資産が計上されるケース

　● 回収可能価額の算定に用いる割引率と、使用権資産計上に適用する割引率との間の相違から損失が生じるケース

✓使用権資産としてオンバランスしたリースの減損兆候判定等の関連業務が発生する。そのため、開示に必要な広範な情報収集及び使用権資産の減損をシミュレーションできる仕組みの構築が必要になる。

70

第 7 章　借手のリース　その 4　短期リース及び少額リースに関する簡便的な取扱い

| 第 7 章 | **借手のリース　その 4**
短期リース及び少額リースに関する簡便的な取扱い |

　従来の基準下でのファイナンス・リース取引における「簡便的な売買処理」と「例外的な賃貸借処理」は、一部追加等はあるが、公開草案でも踏襲されている。したがって、これまで実務に定着してきた簡便的な取扱いを事実上継続できる。そこで、まずは従来の定めを確認しておく。

1　従来の基準の定め

　従来の基準では、ファイナンス・リース取引に係る売買処理（リース資産及びリース債務の計上と、利息法に基づく費用配分等の処理）につき、次の 2 つの簡便的な取扱い、例外的な処理を認めてきた。

(1)　リース資産総額に重要性が乏しい場合の簡便的な取扱い

　リース取引期末残高（未経過リース料期末残高）の、当該期末残高と有形固定資産及び無形固定資産の期末残高の合計額に対する比率（リース比率）が10％未満であること（リース資産総額に重要性が乏しいこと）を条件に、「簡便な売買処理」を認めてきた。

(2)　個々のリース資産に重要性が乏しい場合の例外的な賃貸借処理の容認

　「個々のリース資産に重要性が乏しい場合」や「金融商品取引法の適用を受ける連結子会社等に該当しない中小会社」は、売買処理でなく、オペレーティング・リース取引に準じて「例外的な賃貸借処理」を認めてきた。ファイナンス・リース取引は売買処理が原則なので、この意味で「例外的な賃貸借処理」となる。

　従来の基準における借手の(1)(2)の簡便的な取扱い、例外的な処理をまとめたのが図表 1 -14である。

第1部　公開草案の徹底解説

図表1-14　従来の基準における借手の簡便的な取扱い及び例外的な処理

【原則的な取扱い】	リース料総額から利息相当額の合理的な見積額を控除し、利息法により配分する
【簡便な売買処理】 リース資産総額に重要性が乏しい場合の取扱い(a) (ただし、所有権移転外ファイナンス・リースのみ適用できる)	以下のいずれかを適用できる ｉ　リース料総額から利息相当額の合理的な見積額を控除しない方法 ⅱ　利息相当額を利息法ではなく定額法で費用配分する方法
【例外的な賃貸借処理】 個々のリース資産に重要性が乏しい場合の取扱い(b)	オペレーティング・リース取引に準じ、通常の賃貸借取引に係る方法に準じて会計処理を行うことができる

　図表中(a)の「リース資産総額に重要性が乏しい場合」とは、以下の算式で算定されるリース比率が10％未満になる場合をいう。

$$\text{リース比率} = \frac{\text{未経過リース料期末残高}}{\text{未経過リース料期末残高} + \text{有形固定資産期末残高} + \text{無形形固定資産期末残高}}$$

　図表中(b)の「個々のリース資産に重要性が乏しい場合」とは、次の(i)～(iii)のいずれかに該当する場合である（所有権移転ファイナンス・リース取引は(i)(ii)しか適用できず、(iii)は適用できない）。

所有権移転ファイナンス・リース取引	所有権移転外ファイナンス・リース取引
(i)　重要性の乏しい減価償却資産について、購入時に費用処理する方法を採用しリース料総額が当該基準額に満たない取引 (ii)　リース期間が1年以内の取引	(i)　重要性の乏しい減価償却資産について、購入時に費用処理する方法を採用しリース料総額が当該基準額に満たない取引 (ii)　リース期間が1年以内の取引 (iii)　事業内容に照らし重要性が乏しく契約1件あたりのリース料総額が300万円以下の取引

第7章　借手のリース　その4　短期リース及び少額リースに関する簡便的な取扱い

2 公開草案の取扱い

　公開草案では、借手について、ファイナンス・リース取引及びオペレーティング・リース取引の区分は撤廃したが、原則として、(1)リース資産総額に重要性が乏しい場合の簡便的な取扱い、(2)個々のリース資産に重要性が乏しい場合の例外的な賃貸借処理の容認、の考え方は、実務に浸透していることも考慮し、これを踏襲している。したがって、これまでの実務を原則として継続することができる。

　このように、公開草案では、大枠の定めは変わらないものの、追加や変更点も一部あるためこれらについて以下で説明する。

(1)　使用権資産総額に重要性が乏しい場合の簡便的な取扱い

　公開草案の定めは次の通りである。従来の基準における「リース料総額」は公開草案では、「借手のリース料」に置き換えられている。

公開草案	適用指針第37項・第38項・第39項

- 使用権資産総額に重要性が乏しいと認められる場合は、次のいずれかの方法を適用することができる（公開草案適用指針第37項）。
- (i)　公開草案適用指針第35項の定め（利息相当額の各期への配分）によらず、借手のリース料から利息相当額の合理的な見積額を控除しない方法。この場合、使用権資産及びリース負債は、借手のリース料をもって計上し、支払利息は計上せず、減価償却費のみ計上する。
- (ii)　公開草案適用指針第36項の定め（利息相当額の各期への配分）によらず、利息相当額の総額を借手のリース期間中の各期に定額法により配分する方法。
- 使用権資産総額に重要性が乏しいと認められる場合とは、未経過の借手のリース料の期末残高が当該期末残高、有形固定資産及び無形固定資産の期末残高の合計額に占める割合が10％未満である場合とする（公開草案適用指針第38項）。

73

第1部　公開草案の徹底解説

> ● 連結財務諸表においては、前項の判定を、連結財務諸表の数値を基礎として見直すことができる。見直した結果、個別財務諸表の結果の修正を行う場合、連結修正仕訳で修正を行う（公開草案適用指針第39項）。

① 重要性の判断（リース比率）

重要性の判断に係るリース比率算出にあたり、未経過の借手のリース料を使用するのは、割引計算により使用権資産を求める煩雑さを避けるためと考えられる。また、無形固定資産を判断基準に加えているのは、「無形固定資産のリース」について会計基準の適用は任意としているものの、「無形固定資産のリース」を会計基準の範囲に含めているためと考えられる。これらの取扱いは従来の考え方を踏襲している。

なお、未経過のリース料の期末残高からは、リース開始日に使用権資産及びリース負債を計上せず、借手のリース料を借手のリース期間にわたって原則として定額法により費用として計上することとしたものや、利息相当額を利息法により各期に配分している使用権資産に係るものを除く（公開草案適用指針第38項）。

② リースの種類ごとの重要性判断

不動産に係るリースとその他のリースを分けて重要性の判断を行うなど、リースの種類によって重要性の判断を分けて行うことはできない。

③ 対象範囲の拡大

従来の基準では、この簡便的な取扱いは所有権移転外ファイナンス・リース取引のみについて認めていたが、公開草案では、これらの対象範囲は、これまでオペレーティング・リース取引に分類されていたリース及びこれまで所有権移転ファイナンス・リース取引に分類されていたリースにまで拡大する。

(2) 個々のリース資産に重要性が乏しい場合のいわゆる例外的な賃貸借処理の容認

従来の基準における「個々のリース資産に重要性が乏しい場合」（図表1-14 (b)の(i)～(iii)）に、原則的な売買処理（リース資産及びリース負債のオンバランス）

74

を行わず、賃貸借処理を行うことを例外的に認める取扱いを、公開草案でも踏
襲する。

　ただし、公開草案では、ファイナンス・リース取引及びオペレーティング・
リース取引の区分や、所有権移転取引及び所有権移転外取引の区分を撤廃した
ため、リース取引全般について、借手は当該取扱いを適用する。

① 　短期リースに関する簡便的な取扱い

公開草案	適用指針第18項・第19項

- 借手は、短期リース（リース開始日に借手のリース期間が12か月以内のリー
  ス）について、リース開始日に使用権資産及びリース負債を計上せず、
  借手のリース料を借手のリース期間にわたり原則として定額法により費
  用として計上することができる。借手は、この取扱いについて、対応す
  る原資産を自ら所有していたと仮定した場合に貸借対照表上で表示する
  科目ごとに適用の可否を選択できる（公開草案適用指針第18項）。
- 連結財務諸表では、個別財務諸表で個別貸借対照表に表示する科目ごと
  に行った当該選択を見直さないことができる（公開草案適用指針第19項）。

　この取扱いは、短期リースは重要性が乏しい場合が多いためであり、図表
1-14(b)の(ii)の取扱いを原則として踏襲したものである（借手のリース期間で判
断する点など例外もある）。IFRS16でも短期リースの簡便的な取扱いが認められ
ている。

② 　少額リースに関する簡便的な取扱い

公開草案	適用指針第20項

　次の(i)又は(ii)の少額リースについて、借手はリース開始日に使用権資産
及びリース負債を計上せず、借手のリース料を借手のリース期間にわたり
原則として定額法により費用として計上できる。なお、(ii)は、(a)又は(b)
のいずれかを選択でき、選択した方法は首尾一貫して適用する（公開草案
適用指針第20項）。

（i）　重要性が乏しい減価償却資産について、購入時に費用処理する方法が

採用されている場合で、借手のリース料が当該基準額以下のリース。た
だし、その基準額は当該企業が減価償却資産の処理について採用してい
る基準額より利息相当額だけ高めに設定することができる。また、この
基準額は、通常取引される単位ごとに適用し、リース契約に複数の単位
の原資産が含まれる場合、当該契約に含まれる原資産の単位ごとに適用
することができる。

(ii) 次の(a)又は(b)を満たすリース

  (a) 企業の事業内容に照らして重要性の乏しいリースで、リース契約1
件あたりの借手のリース料が300万円以下のリース

    この場合、1つのリース契約に科目の異なる有形固定資産又は無形
固定資産が含まれている場合、異なる科目ごとにその合計金額により
判定することができるものとする。

  (b) 原資産の価値が新品時におよそ5千米ドル以下のリース

    この場合、リース1件ごとにこの方法を適用するか否かを選択でき
るものとする。

(i)は図表1-14(b)の(i)の取扱いを、(ii)は図表1-14(b)の(iii)の取扱いをそれぞ
れ原則として踏襲したものである。

✓(i)について

通常の固定資産の取得でも購入時に費用処理される少額なものは、重要性が
乏しい場合が多いため、当該取扱いを踏襲した。このときの基準額を企業が減
価償却資産の処理につき採用している基準額より利息相当額だけ高めに設定で
きるのは、借手のリース料には原資産の取得価額の他に利息相当額が含まれて
いるためである。

✓(ii)について

事務機器等の比較的少額な資産がリースの対象となる場合があることを踏ま
え、一定の金額以下のリースについても当該取扱いを踏襲した。従来の基準で
は、リース「契約1件あたり」のリース料総額が300万円以下のリースにつき、
簡便的な取扱いを認めてきた。一方、IFRS16では基準開発時点の2015年に新品

時に5千米ドル以下という規模の価値の原資産を念頭に置き、「リース1件ごとに」簡便的な取扱いを選択適用できるとの考え方が示されていた。

日本基準の「300万円以下のリースに関する簡便的な取扱い」と、IFRS16の「少額リースの簡便的な取扱い」を比較した場合、適用単位の定め方、数値、条件が異なるため、どちらの取扱いが広範であるかは一概にはいえない。日本基準は「契約1件あたりの借手のリース料」であり、IFRS16は「リース1件あたりの原資産の価値」であることの違いもある。これらの様々な要素が影響する。

日本基準の「300万円以下のリースに関する簡便的な取扱い」を適用している企業では、これを継続することを認めることで、追加的な負担を減らせる。一方、IFRS任意適用企業でも、IFRS16における簡便的な取扱いを認めることで、「IFRS16の定めを個別財務諸表に用いても、基本的に修正が不要となることを目指す」方針と整合する。(ii)の(a)(b)のいずれかの方針を選択できるが、選択した方法は首尾一貫して適用する必要がある。

なお、(ii)の(b)について、「リース1件ごとにこの方法を適用するか否かを選択できる」とされているなかで、「リース1件ごと」の判断をする際に、次の「独立したリース」(公開草案適用指針第14項) の考え方に基づいて行うものと考えられる。

公開草案 適用指針第14項

　原資産を使用する権利は、次の(i)及び(ii)の要件のいずれも満たす場合、独立したリースを構成する部分である。

(i)　当該原資産の使用から単独で借手が経済的利益を得ることができること、又は、当該原資産と借手が容易に利用できる他の資源を組み合わせて借手が経済的利益を得ることができること

(ii)　当該原資産の契約の中の他の原資産への依存性又は相互関連性が高くないこと

判断にあたり、例えば、契約により同じ種類の資産を複数リースする場合、借手が各資産を他の資産と関係なく独立して使用できる状況であれば、そのような各資産が「リース1件」と判断される可能性がある。

第1部　公開草案の徹底解説

　以上、簡便的な取扱いを含めたリースの会計処理フローを示したのが図表1-15である。

図表1-15　簡便的な取扱いを含めたリースの会計処理フロー

第7章　借手のリース　その4　短期リース及び少額リースに関する簡便的な取扱い

3　数値例による借手の会計処理（原則法及び簡便的な取扱い）

　借手のリースと判定されたリース取引について、数値例（事例8）による借手の会計処理を示す。次の前提に基づき、Ⅰ原則的な会計処理、Ⅱ簡便的な取扱い　その1．利子込み法（利息相当額の合理的な見積額を控除しない方法）、その2．定額配分法（利息相当額の総額を定額法により配分する方法）の3通りの算定過程及び会計処理を比較する。

事例8　数値例による借手の会計処理（原則法及び簡便的な取扱い）

《前提》

✓ 特別仕様のリースには該当しない。また、行使が合理的に確実な購入選択権は付されておらず、所有権移転条項も付されていない。

✓ リース開始日はX1年4月1日とし、決算期は3月とする。消費税は考慮しない。

✓ リース開始日までに支払った借手のリース料や付随費用はないものとする。

✓ 借手が貸手に支払うリース料は半年ごとの後払いで年2回（3月末と9月末）払い。

✓ 解約不能のリース期間は5年、計10回払いで、1回あたりのリース料は2,000千円。リース料総額は20,000千円。延長オプションや解約オプションはない。

✓ 貸手が購入した原資産価額は16,000千円で、借手は貸手の計算利子率を知り得ない。

✓ リース物件の経済的耐用年数は7年で、借手は、リース期間を耐用年数として残存価額をゼロとする定額法により減価償却する。

✓ 借手の追加借入利子率を年8％とする。

79

第1部　公開草案の徹底解説

I　原則的な会計処理

(1)　使用権資産及びリース負債計上額の算定

　借手は貸手の計算利子率の情報がないため、借手の追加借入利子率（年8％）を用いて借手のリース料（リース料総額）を現在価値に割引計算し算定する。

$$\frac{2,000}{(1+0.08\times6/12)}+\frac{2,000}{(1+0.08\times6/12)^2}+\frac{2,000}{(1+0.08\times6/12)^3}$$

$$+\cdots\cdots\cdots\cdots+\frac{2,000}{(1+0.08\times6/12)^{10}}=16,221$$

〔リース開始日の仕訳〕

● x1年4月1日

使用権資産	16,221	/	リース負債	16,221

(2)　リース負債の返済（支払い）と利息の計上

　リース負債の返済（支払い）と利息の計上を行う。利息相当額の総額は、借手のリース料（リース料総額）20,000千円から、リース負債計上額16,221千円を控除した額3,779千円となる。この3,779千円を利息相当額として各返済日（支払日）に配分する。支払利息は、リース負債の未返済元本残高に一定の利率、すなわち、現在価値算定に用いた借手の追加借入利子率8％を乗じて算定する。

　リース料の支払スケジュールに沿って、リース負債の元本返済額及び支払利息計上額等をまとめたのが、図表1-16である。

〔リース料支払日の仕訳〕

● x1年9月30日　第1回支払日

リース負債	1,351	/	現金預金	2,000
支払利息	649	/		

● x2年3月31日　第2回支払日

リース負債	1,405	/	現金預金	2,000
支払利息	595	/		

第7章　借手のリース　その4　短期リース及び少額リースに関する簡便的な取扱い

● x2年9月30日　第3回支払日

リース負債	1,461	現金預金	2,000
支払利息	539		

以後、第4回支払日から第9回支払日にかけて同様の会計処理を行う。

● x6年3月31日　第10回（最終回）支払日

リース負債	1,922	現金預金	2,000
支払利息	78		

図表1-16　リース料の支払い及び元本返済と利息額区分

（単位：千円）

支払回数	支払日	前月末元本残高	返済額合計	元本返済額	利息相当額	月末元本残高
1	x1.9.30	16,221	2,000	1,351	649	14,870
2	x2.3.31	14,870	2,000	1,405	595	13,465
3	x2.9.30	13,465	2,000	1,461	539	12,004
4	x3.3.31	12,004	2,000	1,520	480	10,484
5	x3.9.30	10,484	2,000	1.581	419	8,903
6	x4.3.31	8,903	2,000	1,644	356	7,259
7	x4.9.30	7,259	2,000	1,710	290	5,549
8	x5.3.31	5,549	2,000	1,778	222	3,771
9	x5.9.30	3,771	2,000	1,849	151	1,922
10	x6.3.31	1,922	2,000	1,922	78	0
	合計		20,000	16,221	3,779	

＊元本返済額及び利息相当額は四捨五入の関係で一部一の位の調整がある。

(3)　使用権資産の償却

　使用権資産はリース期間定額法により減価償却を行う。年間の減価償却費は、使用権資産計上額16,221千円×1年／5年＝3,244.2千円と算定される。

〔x1期の減価償却費計上の仕訳〕（金額は小数点以下四捨五入している）

● x2年3月31日（年間の減価償却費計上）

減価償却費	3,244	減価償却累計額	3,244

以後、x2期以降も同様の会計処理を行う。

第1部　公開草案の徹底解説

〔x5期の減価償却費計上及び原資産返却の仕訳〕（金額は小数点以下四捨五入している）

- x6年3月31日（年間の減価償却費計上）

減価償却費	3,244	/	減価償却累計額	3,244

- x6年3月31日（原資産の返却）

減価償却累計額	16,221	/	使用権資産	16,221

Ⅱ　簡便的な取扱い

その1．利子込み法（利息相当額の合理的な見積額を控除しない方法）

使用権資産総額に重要性が乏しいと認められる場合、例外的に「簡便的な会計処理」を適用できる。まず、「Ⅱその1」では、利息相当額の合理的な見積額を控除しない方法、すなわち、利子込み法について会計処理を示す。

(1)　使用権資産及びリース負債計上額の算定

利息相当額の合理的な見積額を控除しないことから、リース開始日に借手のリース料（リース料総額）にて、使用権資産及びリース負債の額とする。

〔リース開始日の仕訳〕

- x1年4月1日

使用権資産	20,000	/	リース負債	20,000

(2)　リース負債の返済（支払い）

利子込み法では、利息相当額の合理的な見積額を控除せず、借手のリース料（リース料総額）によりリース負債を計上することから、リース料の支払日ごとに定額をリース負債の返済（支払い）として計上する。

〔リース料支払日の仕訳〕

- x1年9月30日　第1回支払日

リース負債	2,000	/	現金預金	2,000

- x2年3月31日　第2回支払日

リース負債	2,000	/	現金預金	2,000

第7章　借手のリース　その4　短期リース及び少額リースに関する簡便的な取扱い

- x2年9月30日　第3回支払日

| リース負債 | 2,000 | ／ | 現金預金 | 2,000 |

以後、第4回支払日から第9回支払日にかけて同様の会計処理を行う。

- x6年3月31日　第10回（最終回）支払日

| リース負債 | 2,000 | ／ | 現金預金 | 2,000 |

(3)　使用権資産の償却

　利子込み法では、利息相当額の合理的な見積額を控除せず、借手のリース料（リース料総額）により使用権資産を計上する。このため、支払利息は発生せず、使用権資産をリース期間定額法により期間配分した減価償却費のみが毎期定額で発生する。

　年間の減価償却費は、使用権資産計上額20,000千円×1年/5年＝4,000千円と算定される。

〔x1期の減価償却費計上の仕訳〕

- x2年3月31日（年間の減価償却費計上）

| 減価償却費 | 4,000 | ／ | 減価償却累計額 | 4,000 |

以後、x2期以降も同様の会計処理を行う。

〔x5期の減価償却費計上及び原資産返却の仕訳〕

- x6年3月31日（年間の減価償却費計上）

| 減価償却費 | 4,000 | ／ | 減価償却累計額 | 4,000 |

- x6年3月31日（原資産の返却）

| 減価償却累計額 | 20,000 | ／ | 使用権資産 | 20,000 |

Ⅱ　簡便的な取扱い

その2．定額配分法（利息相当額の総額を定額法により配分する方法）

　次に、「Ⅱその2」では、利息相当額の総額を定額法により配分する方法、すなわち、定額配分法について会計処理を示す。

(1)　使用権資産及びリース負債計上額の算定

　「Ⅰ　原則的な会計処理」と同様に、借手の追加借入利子率（年8％）を

83

第1部　公開草案の徹底解説

用いて借手のリース料（リース料総額）を現在価値に割引計算し算定する。

$$\frac{2,000}{(1+0.08\times6/12)} + \frac{2,000}{(1+0.08\times6/12)^2} + \frac{2,000}{(1+0.08\times6/12)^3}$$

$$+\cdots\cdots\cdots+ \frac{2,000}{(1+0.08\times6/12)^{10}} = 16,221$$

〔リース開始日の仕訳〕

● x1年4月1日

使用権資産	16,221	リース負債	16,221

⑵　リース負債の返済（支払い）

　リース負債の返済（支払い）と利息の計上を行う。利息相当額の総額は、借手のリース料（リース料総額）20,000千円から、リース負債計上額16,221千円を控除した額3,779千円となる。この3,779千円を利息相当額として各返済日（支払日）に定額配分する。半期ごとに計上する支払利息は、利息相当額3,779千円×6か月/60か月＝377.9千円と算定される。

〔リース料支払日の仕訳〕

● x1年9月30日　第1回支払日（金額は小数点以下四捨五入している）

リース負債	1,622	現金預金	2,000
支払利息	378		

● x2年3月31日　第2回支払日（金額は小数点以下四捨五入している）

リース負債	1,622	現金預金	2,000
支払利息	378		

● x2年9月30日　第3回支払日（金額は小数点以下四捨五入している）

リース負債	1,622	現金預金	2,000
支払利息	378		

　以後、第4回支払日から第9回支払日にかけて同様の会計処理を行う。

● x6年3月31日　第10回（最終回）支払日（金額は小数点以下四捨五入している）

リース負債	1,622	現金預金	2,000
支払利息	378		

第7章　借手のリース　その4　短期リース及び少額リースに関する簡便的な取扱い

(3)　**使用権資産の償却**

　使用権資産はリース期間定額法により減価償却を行う。年間の減価償却費は、使用権資産計上額16,221千円×1年/5年＝3,244.2千円と算定される。

〔x1期の減価償却費計上の仕訳〕（金額は小数点以下四捨五入している）

●x2年3月31日（年間の減価償却費計上）

減価償却費	3,244	／	減価償却累計額	3,244

以後、x2期以降も同様の会計処理を行う。

〔x5期の減価償却費計上及び原資産返却の仕訳〕（金額は小数点以下四捨五入している）

●x6年3月31日（年間の減価償却費計上）

減価償却費	3,244	／	減価償却累計額	3,244

●x6年3月31日（原資産の返却）

減価償却累計額	16,221	／	使用権資産	16,221

Ⅲ　前提に残価保証額がある場合の取扱い

　Ⅰの原則的な会計処理において、残価保証の取決めがあった場合は、原則として、以下の会計処理を行う。

(1)　**使用権資産及びリース負債計上額の算定時における残価保証額の取扱い**

　借手は、貸手の計算利子率の情報がない場合には、借手の追加借入利子率を用いて借手のリース料（リース料総額）を現在価値に割引計算して、使用権資産及びリース負債計上額を算定する。この際、割引計算する対象となる「借手のリース料」の中に、借手の残価保証による支払見込額を、借手のリース期間の月額リース料合計額に加算して算定する。

(2)　**借手のリース期間終了後の取扱い**

　借手のリース期間終了後には、残価保証支払額も、通常、確定する。このため、原資産の返却に伴う使用権資産及び減価償却累計額の取崩しの仕訳とともに、残価保証支払額の確定に伴う仕訳をおこす。具体的にはリース期間終了後に以下の仕訳が発生する。

85

第1部 公開草案の徹底解説

| リース負債 | ××× | 未払金(*) | ××× |
| 未払利息 | ××× | | |

(*) 残価保証額と実際処分額との差額

　リース負債の額は、最終返済日（支払日）に元利返済した後の支払後元本残高を取り崩した額を計上する。また、未払金は、確定した残価保証支払額（残価保証額から実際処分額を控除した金額）を計上する。

第8章 借手のリース その5 リースの契約条件の変更

第8章 借手のリース　その5　リースの契約条件の変更

1 リースの契約条件の変更とは

　実務上、契約で決められていた条件、例えば、リースの範囲やリースの対価等が事後的に変更されるケースがある。こうしたケースでの取扱いが従来の基準では明確になっていなかった。公開草案では、リースの契約条件の変更とは、「リースの当初の契約条件の一部ではなかったリースの範囲又はリースの対価の変更（例えば、1つ以上の原資産を追加若しくは解約することによる原資産を使用する権利の追加若しくは解約、又は、契約期間の延長若しくは短縮）をいう。」（公開草案会計基準第22項）とされている。

　つまり、リースの当初の条件の一部ではないリースの範囲（契約上のリース期間の増減や物件の物量の増減等）や、リースの対価の変更を、リースの契約条件の変更という。

　公開草案では、契約条件の変更以外の変更に関して、「リースの契約条件に変更が生じていない場合で、(i)借手のリース期間に変更がある場合、(ii)借手のリース期間に変更がなく借手のリース料に変更がある場合のいずれかに該当するときは、借手は、リース負債の計上額を見直す（公開草案会計基準第38項）」こととしている。こちらは第9章で取扱う。

　従来の基準では、リースの契約条件の変更に関する取扱いを定めてなかったが、公開草案では、当該取扱いを明確にするために、IFRS16におけるリースの契約条件の変更に関する取扱いを「IFRS16における主要な定め」として取り入れている。

2 契約条件の変更に係る会計処理

　借手は、リースの契約条件の変更が生じた場合、変更前のリースとは独立したリースとして会計処理を行う又はリース負債の計上額の見直しを行う。ただし、リースの契約条件の変更に複数の要素がある場合、これらの両方を行うこ

第1部　公開草案の徹底解説

とがある（公開草案会計基準第37項）。なお、これらの両方を行う例としては、不動産の賃貸借契約で、独立価格であるリース料によりリースの対象となる面積を追加すると同時に、既存のリースの対象となる面積について契約期間を短縮する場合がある。この場合、前者について独立したリースとして会計処理を行い、後者についてリース負債の計上額の見直しを行う。

　公開草案では、具体的には、リース契約条件の変更について、(1)実質的に変更前のリースとは独立したリースが生じるケース、(2)独立したリースとして会計処理されないリース契約条件の変更のうちリースの範囲が縮小されるケース、(3)独立したリースとして会計処理されないリース契約条件の変更のうちリースの範囲が縮小されるもの以外のケース、に分けて会計処理を示している。

(1)　実質的に変更前のリースとは独立したリースが生じるケース

- リースの契約条件の変更が、以下の(i)及び(ii)の要件をいずれも満たす場合、実質的に変更前のリースとは独立したリースが生じる。この場合、変更前のリース開始日の会計処理と同様に、借手は、当該リースの契約条件の変更を独立したリースとして取り扱い、当該独立したリースのリース開始日に、リースの契約条件の変更の内容に基づくリース負債を計上し、当該リース負債にリース開始日までに支払った借手のリース料及び付随費用を加算した額で使用権資産を計上する（公開草案適用指針第41項）。
- (i)　1つ以上の原資産を追加することにより、原資産を使用する権利が追加され、リースの範囲が拡大されること
- (ii)　借手のリース料が、範囲が拡大した部分に対する独立価格に特定の契約の状況に基づく適切な調整を加えた金額分だけ増額されること

　(ii)の「特定の契約の状況に基づく適切な調整」は、例えば、類似の資産を顧客にリースする際に生じる販売費を貸手が負担する必要がない場合に借手に値引きを行う際、独立価格を値引額につき調整することが考えられる。なお、契約期間のみが延長されるリースの契約条件の変更は、原資産の追加に該当しないため、(i)の要件を満たさない。

　仕訳のイメージは以下の通りである。

88

第8章　借手のリース　その5　リースの契約条件の変更

| （借方）使用権資産 | ×××　 | （貸方）リース負債 | ××× |
| | | 現預金（付随費用） | ××× |

(2)　独立したリースとして会計処理されないリース契約条件の変更のうちリースの範囲が縮小されるケース

● このケースには、例えば、リースの対象となる面積が縮小される場合や契約期間が短縮される場合等が含まれる。このケースは、契約条件変更前のリースの一部又は全部を解約するものと考えられる。このため、リースの契約条件の変更の発効日に次の会計処理を行う（公開草案適用指針第42項）。

(ⅰ)　リース負債について、変更後の条件を反映した借手のリース期間を決定し、変更後の条件を反映した借手のリース料の現在価値まで修正する。

(ⅱ)　使用権資産について、リースの一部又は全部の解約を反映するように使用権資産の帳簿価額を減額する。このとき、使用権資産の減少額とリース負債の修正額とに差額が生じた場合は、当該差額を損益に計上する。これにより(ⅰ)のリース負債の見直しとの対応を図る。

　　仕訳のイメージは以下の通りである。

| （借方）リース負債 | ×××　 | （貸方）使用権資産 | ××× |
| | | 損　　　益 | ××× |

(3)　独立したリースとして会計処理されないリース契約条件の変更のうちリースの範囲が縮小されるもの以外のケース

● このケースには、例えば、リース料の単価のみが変更される場合や契約期間が延長される場合等が含まれる。このケースは、変更前のリースは解約されておらず、借手は引き続きリースの契約条件の変更前のリースにおいて特定されていた原資産を使用する権利を有するものと考えられる。したがって、変更前のリースを修正する会計処理を行う。具体的には、リースの契約条件の変更の発効日に次の会計処理を行う（公開草案適用指針第42項）。

(ⅰ)　リース負債について、変更後の条件を反映した借手のリース期間を決定し、変更後の条件を反映した借手のリース料の現在価値まで修正する。

89

第1部　公開草案の徹底解説

(ii)　使用権資産について、リース負債の修正額に相当する金額を使用権資産に加減する。

仕訳のイメージは以下の通りである。

| （借方）使用権資産 | ××× | （貸方）リース負債 | ××× |

以上、リースの契約条件の変更（借手）について、(1)から(3)の考え方のフロー図を図表1-17に示した。

図表1-17　リースの契約条件の変更（借手）のフロー図

条件変更がリースの範囲を拡大させるか（1つ又は複数の原資産を追加し原資産を使用する権利が追加される）
→NO

YES↓

借手のリース料が範囲拡大部分に係る独立価格に適切な調整を加えた金額分だけ増額されるか
→NO

YES↓

条件変更（範囲の増大）を条件変更前のリースとは別個のリースとして会計処理する

公開草案適用指針
第41項

リースの範囲を縮小させるか？
→NO

YES↓

・変更後の条件を反映したリース期間の決定とリース負債修正（借手のリース料現在価値まで修正）
・リース料の解約（一部又は全部）を反映するよう使用権資産の帳簿価額減額
・リース負債修正額と使用権資産減少額の差額を損益計上

公開草案適用指針
第42項

●面積が縮小される場合、契約期間が短縮される場合等が含まれる。

・変更後の条件を反映したリース期間の決定とリース負債修正（借手のリース料現在価値まで修正）
・リース負債の修正額相当額を使用権資産に加減する

公開草案適用指針
第42項

●リース料の単価のみが変更される場合、契約期間が延長される場合等が含まれる

90

第 8 章　借手のリース　その 5　リースの契約条件の変更

<u>3</u>　契約条件の変更に係る数値例による会計処理

　契約条件の変更につき、数値例として事例 9（リース範囲縮小及びリース単価増額）及び事例10（契約期間の延長）をあげ、当該事例に基づく借手の会計処理を示す。

　まず、事例 9 について、次の前提に基づいて、必要な会計処理を検討する。

事例 9　契約条件の変更（リース範囲縮小及びリース単価増額）

《前提》

✔顧客は不動産会社と700坪の店舗用建物に係る不動産賃貸借契約を締結した。

✔顧客は公開草案適用指針第 5 項に照らして、当該契約はリースを含むと判断した。

✔リースの当初の契約条件は次の通り。

- リース料は年額6,000万円…リース期間10年（支払は年 1 回毎年 3 月末）
- リース開始日はX1年 4 月 1 日

✔借手の追加借入利子率年 7 ％で、借手は貸手の計算利子率を知り得ない。

✔顧客と不動産会社は、X6年 4 月 1 日に次の条件で契約条件変更に合意した。

- 店舗用建物の坪数をX6年 4 月 1 日から350坪に縮小する。
- 年間リース料を4,000万円に変更する。

✔X6年 4 月 1 日現在の借手の追加借入利子率年 6 ％で、顧客は、リースの範囲の縮小については変更前の割引率を使用し、リース料の単価の増額については変更後の割引率を使用する。

《会計処理》

　X6年 4 月 1 日の契約条件の変更は、リースの契約条件の変更に該当する。条件変更に伴い、店舗用建物の縮小によりリースの範囲が縮小するととも

91

第1部　公開草案の徹底解説

に、リース料の単価の増額を伴う。顧客は、当該条件変更に関して、公開
草案適用指針第42項に準拠して、店舗用建物の縮小とリース料の単価の増
額のそれぞれにつき、別個に会計処理を行う。

(1)　リース開始日における使用権資産及びリース負債の計上額

　リース開始日の使用権資産及びリース負債の計上額は以下により42,141
万円となる。

　よって、リース負債のX1年期首残高は図表1-18 [*1] の通り、42,141万円
となる。

$$\frac{6,000}{(1+0.07)} + \frac{6,000}{(1+0.07)^2} + \cdots\cdots\cdots\cdots + \frac{6,000}{(1+0.07)^{10}} = 42,141$$

(2)　リースの契約条件変更前のリース負債及び支払利息

　リースの契約条件変更前のリース負債、元本残高、支払利息は以下のよ
うに計算される。この結果、X5年末のリース負債残高は図表1-18 [*2] の
通り、24,600万円と算定される。

図表1-18　リースの契約条件変更前のリース負債及び支払利息

(単位：万円)

年	リース負債				
	期首残高	支払リース料	元本	利息	期末残高
X1	42,141 [*1]	6,000	3,050	2,950	39,091
X2	39,091	6,000	3,264	2,736	35,827
X3	35,827	6,000	3,492	2,508	32,335
X4	32,335	6,000	3,737	2,263	28,598
X5	28,598	6,000	3,998	2,002	24,600 [*2]

(3)　使用権資産の償却

　(1)で算定した通り、使用権資産の当初計上額は42,141万円となる。借手
のリース期間10年にわたり減価償却を行うため、各期の減価償却費は4,214
万円となる。

　42,141万円 × 1年/10年 = 4,214万円

92

第8章　借手のリース　その5　リースの契約条件の変更

　したがって、X5年末の使用権資産残高は、以下の通り、21,071万円と算定される。

　　42,141万円 − 4,214万円 × 5 年 = 21,071万円（千円の位を四捨五入）

(4)　店舗用建物の縮小に係る会計処理

①　リースの範囲を縮小する契約変更における会計処理の考え方

　店舗用建物の坪数を縮小する変更は、リースの契約条件の変更に該当する。具体的にはリースの範囲を縮小する契約変更である。公開草案適用指針第42項に従い、顧客は、当該リースの契約条件の変更につき、当該契約条件の変更の発効日に、変更後の条件を反映してリース負債を修正し、リースの一部又は全部の解約を反映するように使用権資産の帳簿価額を減額する。この際、使用権資産の減少額とリース負債の修正額とに差額が生じた場合は、当該差額を損益に計上する。なお、事例9では、前提に記載の通り、リースの範囲の縮小については変更前の割引率を使用する。

②　リースの契約条件変更の発効日における仕訳

　リースの契約条件の変更の発効日における仕訳は、以下の通りである。

（単位：万円）

リース負債 (*3)	12,300	使用権資産 (*4)	10,535
		利　益　 (*5)	1,765

(*3)：リース負債の減少額 24,600万円（図表1-18 (*2)）×50％
　　　（350坪/700坪）= 12,300万円
(*4)：使用権資産の減少額 21,071万円（(3)参照）×50％（350坪/700坪）
　　　= 10,535万円（千円の位を四捨五入）
(*5)：リース負債の減少額 12,300万円 − 使用権資産の減少額 10,535万円 =
　　　1,765万円

(5)　リース料の単価の増額に係る会計処理

①　リース料の単価の増額における会計処理の考え方

　事例9では、リース料の単価が増額されている。単価が増額される変更は、リースの契約条件の変更に該当するものの、公開草案適用指針第41項に定める「1つ以上の原資産を追加するリースの範囲の拡大」ではなく、

93

第1部　公開草案の徹底解説

また、公開草案適用指針第42項(2)①に定める「リースの範囲の縮小」にも該当しない。公開草案適用指針第42項(2)②に定めるその他の契約条件の変更（リース料の変更）に該当する。

　顧客は、リースの契約条件の変更につき、当該リースの契約条件変更の発効日に、変更後の条件を反映してリース負債を修正し、当該リース負債の修正額に相当する金額を使用権資産に加減する。なお、事例9では、前提に記載の通り、リース料の単価の増額については変更後の割引率を使用する。

② 　リースの契約条件変更の発効日における仕訳

　リースの契約条件の変更の発効日X6年4月1日における仕訳は次の通りである。

（単位：万円）

使用権資産^(*7)	4,549	／	リース負債^(*6)	4,549

^(*6)：単価の増額に対応した修正後のリース負債の額は、変更後の年間リース料4,000万円の5年分を変更後の割引率の年6％で割引いた現在価値として算定する。

$$\frac{4,000}{(1+0.06)} + \frac{4,000}{(1+0.06)^2} + \cdots\cdots\cdots + \frac{4,000}{(1+0.06)^5} = 16,849$$

　　リース負債の増加額は、修正後リース負債 16,849万円 － （X5年リース負債期末残高 24,600万円（図表1-18^(*2)） － 契約変更に伴うリース負債減少額 12,300万円）＝4,549万円

^(*7)：リース負債の修正額に相当する金額

続いて、事例10につき次の前提に基づき、必要な会計処理を検討する。

事例10　契約条件の変更（契約期間の延長）

《前提》

✓顧客は不動産会社と700坪の店舗用建物に係る不動産賃貸借契約を締結した。

✓顧客は公開草案適用指針第5項に照らして、当該契約はリースを含むと

第 8 章　借手のリース　その 5　リースの契約条件の変更

判断した。

✓リースの当初の契約条件は次の通り。

● リース料は年額6,000万円…リース期間10年（支払は年 1 回毎年 3 月末）

● リース開始日はX1年 4 月 1 日

✓借手の追加借入利子率年 7 ％で、借手は貸手の計算利子率を知り得ない。

✓顧客と不動産会社は、X6年 4 月 1 日に次の条件で契約条件変更に合意した。

● 契約期間を 4 年延長する。

● 年間リース料は6,000万円のまま変更しない。

✓X6年 4 月 1 日現在の借手の追加借入利子率年 6 ％で、当該リースの契約条件の変更に伴い適用する割引率については、変更後の割引率を使用する。

《会計処理》

　契約期間が延長される変更は、リースの契約条件の変更に該当するものの、公開草案適用指針第41項に定める「 1 つ以上の原資産を追加するリースの範囲の拡大」ではなく、また、公開草案適用指針第42項(2)①に定める「リースの範囲の縮小」にも該当しない。公開草案適用指針第42項(2)②に定めるその他の契約条件の変更（契約期間の変更）に該当する。

(1)　リース開始日における使用権資産及びリース負債の計上額

　リース開始日の使用権資産及びリース負債の計上額は以下により42,141万円となる。

　よって、リース負債のX1年期首残高は図表 1 -19 [*1] の通り、42,141万円となる。

$$\frac{6,000}{(1+0.07)} + \frac{6,000}{(1+0.07)^2} + \cdots\cdots\cdots + \frac{6,000}{(1+0.07)^{10}} = 42,141$$

(2)　リースの契約条件変更前のリース負債及び支払利息

　リースの契約条件変更前のリース負債、元本残高、支払利息は以下のように計算される。この結果、X5年末のリース負債残高は図表 1 -19 [*2] の

95

第1部　公開草案の徹底解説

通り、24,600万円と算定される。

図表 1-19　リースの契約条件変更前のリース負債及び支払利息

(単位：万円)

年	リース負債				
	期首残高	支払リース料	元本	利息	期末残高
X1	42,141[*1]	6,000	3,050	2,950	39,091
X2	39,091	6,000	3,264	2,736	35,827
X3	35,827	6,000	3,492	2,508	32,335
X4	32,335	6,000	3,737	2,263	28,598
X5	28,598	6,000	3,998	2,002	24,600[*2]

(3)　店舗用建物の契約延長に係る会計処理

①　リースの契約を延長する契約条件変更における会計処理の考え方

　顧客は、当該リースの契約条件の変更につき、公開草案適用指針第42項
(1)及び(2)②に照らして、当該リースの契約条件の変更の発効日に、変更後
の条件を反映してリース負債を修正し、当該リース負債の修正額に相当す
る金額を使用権資産に加減する。なお、事例10では、前提に記載の通り、
リースの契約条件の変更に伴い適用する割引率については変更後の割引率
を使用する。

②　リースの契約条件変更の発効日における仕訳

　リースの契約条件の変更の発効日X6年4月1日における仕訳は次の通り
である。

(単位：万円)

使用権資産[*4]	16,210 ／	リース負債[*3]	16,210

(*3)：単価の増額に対応した修正後のリース負債の額は、年間リース料
　　　6,000万円の変更後の残存リース期間9年分を変更後の割引率の年6%
　　　で割引いた現在価値として算定する。

$$\frac{6,000}{(1+0.06)}+\frac{6,000}{(1+0.06)^2}+\cdots\cdots\cdots\cdots+\frac{6,000}{(1+0.07)^9}=40,810$$

　　　リース負債の増加額は、修正後リース負債 40,810万円－X5年リー
　　　ス負債期末残高 24,600万円（図表1-19[*2]）＝16,210万円

(*4)：リース負債の修正額に相当する金額

第9章 借手のリース その6 リースの契約条件の変更を伴わないリース負債の見直し

第9章	借手のリース その6 リースの契約条件の変更を伴わないリース負債の見直し

　第8章では、リースの契約条件に変更がある場合を前提に、リース負債の見直し等の会計処理を取扱ってきたが、第9章では、リースの契約条件の変更を伴わないケースにおけるリース負債の見直しに係る会計処理を検討する。

1　リースの契約条件の変更を伴わないリース負債の見直しに係る公開草案の定め

　従来の基準では、リースの契約条件の変更を伴わないリース負債の見直しに係る取扱いを定めていなかった。公開草案では、当該取扱いを明確にするためIFRS16におけるリース負債の見直しに係る取扱いを「IFRS16における主要な定め」として取り入れている。

　借手は、リースの契約条件の変更が生じていない場合で、次のいずれかに該当するときには、該当する事象が生じた日にリース負債について当該事象の内容を反映した借手のリース料の現在価値まで修正し、当該リース負債の修正額に相当する金額を使用権資産に加減する（公開草案会計基準第38項及び公開草案適用指針第43項）。

⑴　借手のリース期間に変更がある場合

⑵　借手のリース期間に変更がなく借手のリース料に変更がある場合

　仕訳のイメージは以下の通りである。

（借方）使用権資産	×××	（貸方）リース負債	×××
又は

（借方）リース負債	×××	（貸方）使用権資産	×××

　使用権資産の帳簿価額をゼロまで減額してもなお、リース負債の測定の減額がある場合には、残額を損益に計上する。仕訳のイメージは以下の通りである。

（借方）リース負債	×××	（貸方）使用権資産	×××
		損　　益	×××

97

第1部　公開草案の徹底解説

2　リース期間に変更がある場合（ 1 の(1)）の取扱い

　借手は、リースの契約条件の変更が生じていない場合で、次の(i)及び(ii)のいずれも満たす重要な事象又は重要な状況が生じたときに、公開草案会計基準第29項の延長オプションを行使すること又は解約オプションを行使しないことが合理的に確実であるかどうかについて見直し、借手のリース期間を変更し、リース負債の計上額の見直しを行う（公開草案会計基準第39項）。

(i)　借手の統制下にあること
(ii)　延長オプションを行使すること又は解約オプションを行使しないことが合理的に確実であるかどうかの借手の決定に影響を与えること

　公開草案会計基準第39項に関して、当該見直しは、現在の経済状況を反映して有用な情報を提供するために行う。また、「重要な事象又は重要な状況」とは、借手の統制下にあり、かつ、延長オプションを行使すること又は解約オプションを行使しないことが合理的に確実であるか否かの借手の決定に影響を与えるものとされている。

　ここで、借手の統制下にあるとの要件を設けたのは、借手が市場動向による事象又は状況の変化に対応して、延長オプションを行使すること又は解約オプションを行使しないことが合理的に確実であるか否かにつき見直すことを要しないためである。

　具体的に、「重要な事象又は重要な状況」として、例えば、以下が考えられる。

(a)　リース開始日に予想されていなかった大幅な賃借設備の改良で、延長オプション、解約オプション又は購入オプションが行使可能となる時点で借手が重大な経済的利益を有すると見込まれるもの

(b)　リース開始日に予想されていなかった原資産の大幅な改変

(c)　過去に決定した借手のリース期間の終了後の期間に係る原資産のサブリースの契約締結

(d)　延長オプションを行使すること又は解約オプションを行使しないことに直接的に関連する借手の事業上の決定（例えば、原資産と組み合わせて使用する資

98

第9章 借手のリース その6 リースの契約条件の変更を伴わないリース負債の見直し

産のリースの延長の決定、原資産の代替となる資産の処分の決定、使用権資産を利用している事業単位の処分の決定）

次に、解約不能期間の変更に関して以下の定めがおかれている。

公開草案 会計基準第40項

　借手は、リースの契約条件の変更が生じていない場合で、延長オプションの行使等により借手の解約不能期間に変更が生じた際、借手のリース期間を変更し、リース負債の計上額の見直しを行う（公開草案会計基準第40項）。

ここで、「借手の解約不能期間の変更」とは、例えば、過去に借手のリース期間の決定に含めていなかった延長オプションを借手が行使する場合等に当該変更が生じる。

3　借手のリース期間に変更がなく借手のリース料に変更がある場合（ 1 の⑵）の取扱い

公開草案では、リースの契約条件や借手のリース期間に変更がなく借手のリース料に変更がある状況について、次の定めをおいている。

公開草案 適用指針第44項

　リースの契約条件や借手のリース期間に変更がなく借手のリース料に変更がある状況として、例えば、次のようなものが考えられる（公開草案適用指針第44項）。
(ⅰ)　原資産を購入するオプションの行使についての判定に変更がある場合
(ⅱ)　残価保証に基づいて支払われると見込まれる金額に変動がある場合
(ⅲ)　指数又はレートに応じて決まる借手の変動リース料に変動がある場合

(ⅲ)の「指数又はレートに応じて決まる借手の変動リース料」に関しては、以下のように定めている。

公開草案 適用指針第45項・第46項

　✓借手は、指数又はレートに応じて決まる借手の変動リース料につき、当

99

第1部　公開草案の徹底解説

該指数又はレートが変動し、それにより、今後支払うリース料に変動が生じたときにのみ、借手の残存リース期間にわたり、変動後の指数又はレートに基づきリース料及びリース負債を修正し、リース負債の修正額に相当する金額を使用権資産に加減する（公開草案適用指針第45項）。

✓借手は、リース料が参照する指数又はレートの将来の変動を見積り、当該見積られた指数又はレートに基づきリース料及びリース負債を算定している場合、上記の第45項定めにかかわらず、決算日ごとに参照する指数又はレートの将来の変動を見積り、当該見積られた指数又はレートに基づきリース料及びリース負債を修正し、リース負債の修正額に相当する金額を使用権資産に加減する（公開草案適用指針第46項）。

なお、借手は、リース負債の計上額に含めなかった借手の変動リース料について、当該変動リース料の発生時に損益に計上する（公開草案適用指針第48項）。

4　短期リースに係る借手のリース期間の変更

公開草案では、短期リースに係る借手のリース期間の変更につき次の定めをおいている。

公開草案　適用指針第47項

短期リースに関する簡便的な取扱いを適用していたリースにつき、借手のリース期間に変更があり、変更前の借手のリース期間の終了時点から変更後の借手のリース期間の終了時点までが12か月以内の場合、次のいずれかの方法を選択できる（公開草案適用指針第47項）。

(ⅰ)　変更後のリースについて短期リースとして取り扱う方法

(ⅱ)　変更後のリースのうち、借手のリース期間の変更時点から変更後の借手のリース期間の終了時点までが12か月以内である場合のみ、短期リースとして取り扱う方法

借手は、当該取扱いにつき、対応する原資産を自ら所有していた場合に

100

第9章　借手のリース　その6　リースの契約条件の変更を伴わないリース負債の見直し

貸借対照表において表示するであろう科目ごとに適用することができる。

公開草案では、短期リースに関する簡便的な取扱いを適用していたリースの借手のリース期間に変更がある場合に関する定めをおいている。このような場合には、例えば、当初の契約条件に含まれている延長オプションの対象期間を借手のリース期間に含めないことを決定していた場合に、当該延長オプションを行使したとき等が含まれる。

5 リース負債の見直し時に用いる割引率

IFRS16では、リースの契約条件の変更が生じた場合及びリースの契約条件の変更を伴わないリース負債の見直しをする場合に適用する割引率を、その状況に応じて定めている。例えば、①変更前の割引率を継続的に適用するケース、②変更後の割引率を適用するケース、に分けて定めをおいている（IFRS16第39項〜第43項）。

① **変更前の割引率を継続的に適用するケース**

- 残価保証に基づいて支払われると見込まれる金額に変動があった場合
- 将来のリース料の算定に使用する指数又はレートの変動による将来のリース料の変動があり、キャッシュ・フローの変動があった場合

② **変更後の割引率を適用するケース**

- リース期間が変更された場合
- 購入オプションの行使可能性の判定に変化があった場合

一方、公開草案では、リース負債の見直し時に、変更前の割引率を継続的に適用するか、あるいは、変更後の割引率を適用するか、具体的にどのような割引率を適用すべきかについて定めをおいていない。

これは、簡素で利便性が高い会計基準を開発するという「基本的な方針」を踏まえ、詳しい定めをおかないほうが、当該方針に整合する等との考え方による。

このため、実務上は、IFRS16の取扱いと同じ取扱いにする方法や、IFRS16の取扱いとは別に取扱い方針を適切に定めてそれを適用する方法等が考えられる。

101

第1部　公開草案の徹底解説

6　リースの契約条件の変更を伴わないリース負債の見直しに係る数値例による会計処理

　リースの契約条件の変更を伴わないリース負債の見直しにつき、数値例として事例11をとりあげ、当該事例に基づく借手の会計処理を示す。

事例11　リースの契約条件の変更を伴わないリース負債の見直し

《前提》

✓ 顧客は不動産会社と店舗用建物700坪に係る不動産賃貸借契約を締結した。

✓ 顧客は公開草案適用指針第5項に照らして、当該契約はリースを含むと判断した。

✓ リースの当初の契約条件は次の通り。

- 解約不能期間は10年で、5年の延長オプション付き

- 解約不能期間中のリース料は年額6,000万円、延長オプション期間中のリース料は年額7,000万円

- リース開始日はX1年4月1日で、支払は年1回毎年3月末

✓ リース開始日において、顧客は、リースを延長するオプションを行使することが合理的に確実ではないと判断し、リース期間を10年と定めた。

✓ 借手の追加借入利子率年7％で、借手は貸手の計算利子率を知り得ない。

✓ 顧客は当該事業を拡張する方針を決め新規スタッフを採用するとともに店舗用建物の賃借を1フロア分（200坪）増床することとした。これに伴い、X8年4月1日をリース開始日として新たに賃借する1フロア分のリース契約（9年）を締結する。

✓ この決定により、当該事業は事業拡張の方針のもとマンパワー及び人材配置も確保され、具体的な事業展開と生産性の向上が期待されるため、顧客がこのリースを10年の解約不能期間終了後に延長する経済的インセンティブが生じる。

✓ 当該事業拡張の決定と増床及び人材採用は顧客の統制下にある重要な事象であり、延長オプションを行使することが合理的に確実かどうかの顧

102

第9章 借手のリース その6 リースの契約条件の変更を伴わないリース負債の見直し

客の決定に影響を与える。このため、X7年4月1日に、顧客は、リースを延長するオプションを行使することが合理的に確実になっていると判断する。

✓ X7年4月1日現在の借手の追加借入利子率年6％で、顧客は、延長オプションを行使することが合理的に確実かどうかについての見直しにあたり、変更後の割引率を使用する。

《会計処理》

延長オプションを行使することが合理的に確実であるかどうかについての見直し前の当初契約に基づくリース負債は図表1-20の通りである。

⑴ **リース開始日における使用権資産及びリース負債の計上額**

リース開始日の使用権資産及びリース負債の計上額は以下により42,141万円となる。

よって、リース負債のX1年期首残高は図表1-20（*1）の通り、42,141万円となる。

$$\frac{6,000}{(1+0.07)} + \frac{6,000}{(1+0.07)^2} + \cdots\cdots + \frac{6,000}{(1+0.07)^{10}} = 42,141$$

⑵ **リースの契約条件変更前のリース負債及び支払利息**

リースの契約条件変更前のリース負債、元本残高、支払利息は以下のように計算される。この結果、X6年末のリース負債残高は図表1-20（*2）の通り、20,322万円と算定される。

図表1-20 見直し前のリース負債及び支払利息

(単位：万円)

年	リース負債				
	期首残高	支払リース料	元本	利息	期末残高
X1	42,141（*1）	6,000	3,050	2,950	39,091
X2	39,091	6,000	3,264	2,736	35,827
X3	35,827	6,000	3,492	2,508	32,335

103

X4	32,335	6,000	3,737	2,263	28,598
X5	28,598	6,000	3,998	2,002	24,600
X6	24,600	6,000	4,278	1,722	20,322[* 2]

⑶ 契約条件の変更を伴わないリース期間の変更に係る会計処理

① 会計処理の考え方

　延長オプションを行使することが合理的に確実であるかどうかについての見直しは、リースの契約条件の変更を伴わない借手のリース期間の変更である。顧客は、当該変更に関して、当該変更が生じた日にリース負債について当該変更の内容を反映した借手のリース料の現在価値まで修正し、当該リース負債の修正額に相当する金額を使用権資産に加減する。なお、事例11では、前提に記載の通り、当該リース期間の変更に伴い適用する割引率については変更後の割引率を使用する。

② リースの契約条件変更の発効日における仕訳

　リースの契約条件の変更の発効日X7年4月1日における仕訳は次の通りである。

(単位：万円)

| 使用権資産[* 4] | 23,824 | ／ | リース負債[* 3] | 23,824 |

　(* 3)：見直し後のリース負債の金額は、解約不能期間の年間リース料の6,000万円の4年分と、延長オプション期間の年間リース料の7,000万円の5年分をすべて変更後の割引率（年6％）で割引いた現在価値として算定する。
　　　　リース負債の増加額は、見直し後リース負債額44,146万円から、X6年リース負債期末残高20,322万円（図表1-20 (* 2)）を引いた金額23,824万円となる。
　　　　見直し後リース負債額の算定は以下の通りである。

$$\frac{6,000}{(1+0.06)}+\frac{6,000}{(1+0.06)^2}+\frac{6,000}{(1+0.06)^3}+\frac{6,000}{(1+0.06)^4}+\frac{7,000}{(1+0.06)^5}+$$

$$\frac{7,000}{(1+0.06)^6}+\cdots\cdots\cdots+\frac{7,000}{(1+0.06)^9}$$

$$=44,146$$

　(* 4)：リース負債の修正額に相当する金額

第9章　借手のリース　その6　リースの契約条件の変更を伴わないリース負債の見直し

7　リース負債の見直し等に伴う実務上の留意事項

　契約条件の変更のケース及び契約条件の変更を伴わないケースでの使用権資産及びリース負債の再測定を扱った第8章及び第9章につき実務上の留意事項は以下の通りである。

✓従来の基準ではファイナンス・リースに分類されているリース契約も含め、契約条件の変更等による使用権資産及びリース負債の再測定を可能にする仕組みやプロセスの整備を要する。

✓当初測定したリース負債や使用権資産は計算の前提となる条件や数値が変わり計上額の見直しを要する場合がある。また、リース期間も事後的に変更する場合がある。このため、一度計上した使用権資産及びリース負債に数値の見直しが必要になる場合がある。したがって、従来にも増して適切な業務判断や数値管理が実務上より重要になり、使用権資産及びリース負債に係る継続的で適切な管理が必要になる。

105

第1部　公開草案の徹底解説

第10章 ┃ 借手のリース　その7　再リースの取扱い

　従来の基準では、再リース期間を耐用年数に含めない場合の再リースは、原則として発生時の費用として処理する、と定められている。つまり、再リース期間を耐用年数に含めない場合の再リースは、資産及び負債のオンバランスに対象とならず、当期に発生した再リース料を当期の費用として処理してきた。

　日本の再リース期間は1年以内とするのが通常であり、再リース料も少額であるのが一般的である。

　公開草案では、再リースについて、借手は、リース開始日及び直近のリースの契約条件の変更の発効日において再リース期間を借手のリース期間に含めないことを決定した場合、再リースを当初のリースとは独立したリースとして会計処理を行うことができる（公開草案適用指針第49項）こととした。

　この結果、従来の基準の取扱いである、再リース料を発生時の費用として処理する現行の会計処理を継続することができる。

1 ┃ IFRS16における原則的な考え方

　IFRS16では、公開草案に示された取扱いはない。したがって、IFRS16を適用する場合には、借手のリース期間に変更がある場合に準拠した会計処理を検討することになる。つまり、原則として、延長オプションの行使やリースの条件変更の取扱いを踏まえ、リース負債の見直し等の会計処理を検討することになる。

2 ┃ 公開草案における考え方の根拠

　再リースは我が国固有の商慣習であり、従来の取扱いを継続することで、国際的な比較可能性を大きく損なわずに、作成者の追加的な負担を減らすことができる。このため、借手は、リース開始日及び直近のリースの契約条件の変更の発効日において再リース期間を借手のリース期間に含めないことを決めた場

106

合、公開草案会計基準第39項、第40項で定めた「借手のリース期間に変更がある場合」の取扱いにかかわらず、再リースを、当初のリースとは別の独立したリースとして扱い会計処理できることとされている。

日本の再リースは、経済的耐用年数を考慮した解約不能期間経過後に、当初の月額リース料程度の年間リース料により行われる1年間のリースであることが一般的である。また、通常、再リースに関する条項が当初の契約で明示されていることも多い。

このため、再リースに該当するか否かは通常は明確と考えられるが、中には該当するか否かの判断を要するケースもあると考えられる。

3 再リースに係る実務上の留意事項

再リースに関して、実務上の留意事項は以下の通りである。

✓再リースは日本固有の商習慣で、従来の取扱い（発生時の費用処理）を継続して認められ、再リースを当初のリースとは独立したリースとして扱う。ただし、リース開始日（及び直近のリースの契約条件の変更の発効日）において、再リース期間を借手のリース期間に含めないことを決めた場合とされており、実態を踏まえた経営判断や契約の在り方がポイントになる。

第1部　公開草案の徹底解説

第11章　借手のリース　その8　借地権に係る権利金等

　第11章で取扱う項目は、公開草案によりはじめて明確にされたものも多く、今後、実務上の検討を要することが想定されるため、まず用語の定義を確認しておく。公開草案適用指針第4項では、次のように借地権に係る権利金等について用語を定義している。

公開草案　適用指針第4項
「借地権」：建物の所有を目的とする地上権又は土地の賃借権をいう（借地借家法（平成3年法律第90号）附則第2条の規定による廃止前の借地法（以下「借地法」という）第1条、借地借家法第2条第1号）。 「借地権者」：借地権を有する者をいう。 「借地権設定者」：借地権者に対して借地権を設定している者をいう。 「旧借地権」：借地法の規定により設定された借地権をいう。 「普通借地権」：定期借地権以外の借地権（旧借地権を除く）をいう。 「定期借地権」：借地借家法第22条第1項、第23条第1項又は第24条第1項の規定による定めのある借地権をいう。 「借地権の設定に係る権利金等」：借地権の設定において借地権者である借手が借地権設定者である貸手に支払った権利金、及び借手と貸手との間で借地契約を締結するにあたり当該貸手が第三者と借地契約を締結していた場合に、当該借手が当該第三者に対して支払う借地権の譲渡対価をいう。

1　借地権に係る権利金等の取扱い

(1)　借地権の設定に係る権利金とは

　借地権設定に係る権利金等の授受は、例えば、次のようなケースで行われ、これらの借地権を除く底地に対して毎月支払う賃料が設定され、当該賃料と借地権の価格には、通常、一定の相関関係がある。

第11章　借手のリース　その8　借地権に係る権利金等

- 土地賃貸借契約締結時に借地権の設定対価として権利金の授受が行われるケース
- 借手が貸手と借地契約を締結するにあたり、当該貸手が当該借手以外の第三者と借地契約を締結する場合、当該借手が当該第三者から借地権の譲渡を受け、当該第三者に対して当該借地権の譲渡対価を支払うケース

(2)　借地権の設定に係る権利金等の性格

　借地権の設定に係る権利金等は、土地を使用する権利に関する支払である。この点、借手が貸手に対して毎月支払う賃料と相違はない。このため、「借手のリース料」に含まれる。この点と以下を踏まえ、当該権利金等と賃料は一体として会計処理を行うこととされている。

- 賃料と借地権の価格には、通常、一定の相関関係がある。
- 当該権利金等の支払は、通常、土地の賃貸借契約とほぼ同時に行われる
- 当該権利金と賃料はパッケージとして交渉されている

2　借地権等の減価償却

　旧借地権、普通借地権、定期借地権等の借地権の設定に係る権利金等について、公開草案では次の会計処理を定めている。

(1)　公開草案の原則的な取扱い

公開草案	適用指針第24項第一段落

　借地権の設定に係る権利金等は、使用権資産の取得価額に含め、原則として、借手のリース期間を耐用年数とし、減価償却を行う（公開草案適用指針第24項第一段落）。

　借地権の設定に係る権利金は、土地を使用する権利に対する支払いである点で、毎月支払われる賃料と違いはない。定期借地権が設定される土地の賃貸借契約は、賃借期間の満了時に当該賃貸借契約が終了する。このため、定期借地権の設定に係る権利金等は、賃貸借契約の期間に係るコストと考えられ、公開

109

第1部　公開草案の徹底解説

草案適用指針第24項の会計処理を行う。

　なお、借地権の設定に係る権利金等の会計処理にあたり、残存価額を設定することは想定していない。

　一方、従来の基準では、借地権の設定に係る権利金等について特に定めをおいてこなかったことから、従来は、(1)に定める原則的な処理は行われてこなかった可能性がある。そこで、旧借地権又は普通借地権の設定に係る権利金等について、例外的取扱いを容認している。これを次の(2)で説明する。

⑵　従来の基準下で旧借地権又は普通借地権の設定に係る権利金等を償却してこなかった借手に対する例外的な取扱い

　公開草案は、旧借地権又は普通借地権の設定に係る権利金等について、これまで償却してこなかった借手に対して例外的な取扱い及び新会計基準適用初年度における経過措置を定めて、例外的取扱いを容認している。

　対象となる旧借地権又は普通借地権の設定に係る権利金等について、借手が計上するタイミングの観点から次の2つの権利金等に分類され、公開草案では、当該2つについて3通りの例外的な取扱い（経過措置を含む）を容認している。

Ａ：新会計基準の適用初年度の期首に計上されている権利金等

Ｂ：新会計基準の適用後に新たに計上される権利金等

　上記Ａ及びＢについて、公開草案では、次の3通りの例外的な取扱いを容認している。

①　ＡもＢも償却しない方法（例外的取扱い）

②　Ｂを償却する借手がＡは償却しない方法（経過措置）

③　Ｂを償却する借手がＡは簡便的な期首簿価を算定する方法（経過措置）

✓①について、従来の会計処理を継続できるようにするため、Ａ、Ｂともに減価償却しないことが認められる（公開草案適用指針第24項ただし書(1)）。

✓②について、Ｂにつき減価償却する借手には、新会計基準適用初年度の経過措置として、Ａにつき減価償却を行わないことが認められる（公開草案適用指針第121項）。

110

第11章　借手のリース　その8　借地権に係る権利金等

　仮に、原則的な取扱いを一律に適用することを求めると、当初の契約の意
図が会計処理に反映されなくなる可能性があること、また、新会計基準適用
後に生じる権利金等に限り減価償却を行うとしても財務報告の改善に一定の
効果があること、等を考慮して定めをおいたものである。

✓③について、Bにつき減価償却する借手企業には、新会計基準適用初年度の
経過措置として、Aについて次の処理（簡便的な期首簿価を算定する方法）が
認められる（公開草案適用指針第123項）。

公開草案 適用指針第123項（要約）

● 権利金等を計上した日から借手のリース期間の終了までの期間で償却す
るものとして適用初年度の期首時点の帳簿価額を算定する。ただし、適
用初年度の前事業年度期末日における権利金等の帳簿価額を上限とする
（公開草案適用指針第123項）。

● 当該取扱いは、新会計基準の適用初年度の経過措置として、公開草案適
用指針第114項ただし書きの方法（適用初年度の累積的影響額を適用初年度
期首の利益剰余金に加減する方法）を選択する借手のみに認められる。

　当該権利金等に係る会計処理はこれまで明確に定められていなかった。旧借
地権及び普通借地権は、借手の権利が強く保護されており、借地権の設定対価
は、減価しない土地の一部取得に準ずるとの見方もある。また、資産として計
上する権利金等には「固定資産の減損会計」が適用されるため、仮に償却しな
い場合でも、必ずしも資産の過大計上にはつながらないと考えられる。

⑶　従来の基準下で旧借地権及び普通借地権の設定に係る権利金等を計上して
　こなかった場合の取扱い

　⑵では、従来の基準下で権利金等を償却してこなかった借手に対する例外的
な取扱いを扱ったが、中には、当該権利金等を貸借対照表上に計上してこなか
った借手も存在すると思われる。

　新会計基準適用初年度の期首に、旧借地権及び普通借地権の設定に係る権利
金等が計上されていない場合についても、Bの権利金等について、減価償却を

111

第1部　公開草案の徹底解説

行わないことが認められる（公開草案適用指針第24項ただし書き(2)）。

　以上、旧借地権又は普通借地権の設定に係る権利金等について、借手が有する会計処理の選択可能性をまとめると、図表1-21の通りである。当該権利金等には固定資産の減損会計を適用するため、こうした点も踏まえて、例外的取扱いも含めた減価償却の方法の中から借手は会計処理を選択することになる。

　なお、場合分けとしては、新リース会計基準の適用初年度の期首には計上しておらず、その後新たに計上して初めて償却するケースもあるが、当表上では取り扱わない。

図表1-21　旧借地権又は普通借地権の設定に係る権利金等に関する会計処理の選択可能性

選択肢	新リース会計基準の適用初年度期首に計上されている権利金等	新リース会計基準の適用後に新たに計上される権利金等
1つ目	償却する（公開草案適用指針第24項第一段落）	
2つ目	償却しない（公開草案適用指針第121項）	償却する（公開草案適用指針第24項第一段落）
3つ目	権利金等を計上した日から借手のリース期間の終了までの期間で償却するものとして、適用初年度期首時点の帳簿価額を算定する（ただし適用初年度の前事業年度の期末日における権利金等の帳簿価額を上限とする）（公開草案適用指針第123項）	償却する（公開草案適用指針第24項第一段落）
4つ目	償却しない（公開草案適用指針第24項ただし書き(1)）	
5つ目	計上していない	償却しない（公開草案適用指針第24項ただし書き(2)）

112

第11章　借手のリース　その8　借地権に係る権利金等

3　資産除去債務

公開草案では、有形固定資産に係る資産除去債務に関連して、次の定めをおいている。

公開草案	適用指針第25項

借手は、企業会計基準第18号「資産除去債務に関する会計基準」第7項に従い、資産除去債務を負債として計上する場合の関連する有形固定資産が使用権資産であるとき、当該負債の計上額と同額を当該使用権資産の帳簿価額に加える（公開草案適用指針第25項）。

資産除去債務会計基準では、「資産除去債務に対応する除去費用は、資産除去債務を負債として計上した時に、当該負債の計上額と同額を、関連する有形固定資産の帳簿価額に加える。」（資産除去債務会計基準第7項）と定めている。また、資産除去債務会計基準でいう有形固定資産には、「財務諸表等規則において有形固定資産に区分される資産のほか、それに準じる有形の資産も含む」（資産除去債務会計基準第23項）としている。このため、上記公開草案適用指針第25項の会計処理を行う。

113

第1部　公開草案の徹底解説

第12章　借手のリース　その9　建設協力金等の差入預託保証金

　建設協力金等や敷金は金融商品に該当するため、これらに関連する定めは金融商品実務指針等で取り扱ってきた。一方、これらの項目は、主にリースの締結により生じる項目であるため、これらの具体的な会計処理の定めについて、金融商品実務指針等から削除し、公開草案適用指針等において定めている。

1　建設協力金等

　建設協力金は、建物建設時に消費寄託する建物等の賃貸に係る預託保証金である。建設協力金は当初無利息で、一定期間（10年等）経過後低利の金利が付利され、その後一定期間にわたり現金で返済されるもの等がある。建設協力金は、契約に定めた期日に預り企業である貸手が現金を返還し、差入企業である借手がこれを受け取る契約であり、金融商品に該当する。

⑴　金融商品実務指針等の取扱い

　金融商品実務指針等の取扱いは以下の通りであり、返済期日までのキャッシュ・フローを割り引いた現在価値が、建設協力金等の当初認識時の時価である。

(ⅰ)　差入預託保証金の支払額と当初認識時の時価との差額を、長期前払家賃として計上し、契約期間にわたり各期の純損益に合理的に配分する。

(ⅱ)　当初認識時の時価と返済金額との差額につき、契約期間にわたり配分し受取利息として計上する。また、差入預託保証金のうち将来返還されない額は、賃借予定期間にわたり定額法により償却する。

⑵　公開草案の取扱い（敷金以外の建設協力金等の差入預託保証金）

　建設協力金等の差入預託保証金は、貸手（預り企業）から借手（差入企業）に将来返還される。金融商品実務指針等で長期前払家賃として取り扱ってきた部分は、利息の受取を定額とすることによる賃料の支払としての性質を有する。

114

このため、当該部分はリース料として使用権資産の取得価額に含めることが合理的である。具体的には、

> **公開草案** 適用指針第26項
>
> 　建設協力金等の差入預託保証金に係る当初認識時の時価は、返済期日までのキャッシュ・フローを割り引いた現在価値になる。借手（差入企業）は、当該差入預託保証金の支払額と当該時価との差額を使用権資産の取得価額に含める。当初時価と返済額との差額は、弁済期又は償還期に至るまで毎期一定の方法で受取利息として計上する（公開草案適用指針第26項）。

なお、実務上、以下の点に留意を要する。

① **抵当権設定の場合の割引率**

> **公開草案** 適用指針第27項
>
> 　建設協力金につき、借手（差入企業）が対象となる土地建物に抵当権を設定する場合、現在価値に割り引く際の利子率は、原則としてリスク・フリーの利子率を使用する（公開草案適用指針第27項）。

当該利子率として、例えば、契約期間と同一の期間の国債の利回りが考えられる。

② **影響額に重要性のない差入預託保証金**

> **公開草案** 適用指針第28項
>
> 　借手（差入企業）は、その影響額に重要性がない差入預託保証金（返済期日までの期間が短いもの等）につき、上記の公開草案適用指針第26項の会計処理を行わないことができる。この場合、債権に準じて会計処理を行う（公開草案適用指針第28項）。

③ **貸手から借手に将来返還されないことが契約上定められている金額の取扱い**

> **公開草案** 適用指針第29項
>
> 　借手は、差入預託保証金のうち、差入預託保証金の預り企業（貸手）か

第1部　公開草案の徹底解説

ら差入企業（借手）に将来返還されないことが契約上定められている金額
について、使用権資産の取得価額に含める（公開草案適用指針第29項）。

当該金額を使用権資産の取得価額に含めるのは、リースの借手が賃貸借契約
に基づき原資産を使用する権利に関する支払である点で、毎月支払われるリー
ス料と相違がないからである。

④　貸倒引当金

| 公開草案 | 適用指針第33項 |

建設協力金等の差入預託保証金につき差入預託保証金の預り企業である
貸手の支払能力から回収不能と見込まれる金額がある場合、金融商品会計
基準に従って貸倒引当金を設定する（公開草案適用指針第33項）。

2　敷　金

敷金は、賃料及び修繕の担保的性格を有し、償還期限は貸借契約満了時であ
る。法的には契約期間満了時に返還請求権が発生し、通常無金利である。

このため、差入敷金については、建設協力金と異なり取得原価で計上する、
とする金融商品実務指針の取扱いを踏襲している。具体的には、以下の通りで
ある。

| 公開草案 | 適用指針第30項 |

差入企業である借手は、差入敷金のうち、差入敷金の預り企業である貸
手から差入企業である借手に将来返還される差入敷金について、取得原価
で計上する。ただし、敷金以外の建設協力金等の差入預託保証金の取扱い
（公開草案適用指針第26項及び第27項）に準じて会計処理を行うことができる
（公開草案適用指針第30項）。

ただし書きについては、IFRS任意適用企業がIFRS16の定めを個別財務諸表
に用いても、基本的に修正が不要になる基準開発の方針に従い、差入敷金につ

116

いても建設協力金と同様の会計処理を認めたものである。

なお、実務上、以下の点に留意を要する。

① **貸手から借手に将来返還されないことが契約上定められている金額の取扱い**

公開草案	適用指針第31項

　差入企業である借手は、差入敷金のうち、差入敷金の預り企業である貸手から差入企業である借手に将来返還されないことが契約上定められている金額を使用権資産の取得価額に含める（公開草案適用指針第31項）。

　当該金額を使用権資産の取得価額に含めるのは、リースの借手が賃貸借契約に基づき原資産を使用する権利に関する支払である点で、毎月支払われるリース料と相違がないからである。

② **資産除去債務の会計処理との関係**

公開草案	適用指針第32項

　企業会計基準適用指針第21号「資産除去債務に関する会計基準の適用指針」第9項に従い、敷金の回収が最終的に見込めないと認められる金額を合理的に見積り、そのうち当期の負担に属する金額を費用に計上する方法を選択する場合、同項に従って差入敷金の会計処理を行う（公開草案適用指針第32項）。

③ **貸倒引当金**

公開草案	適用指針第33項

　貸手の支払能力から回収不能と見込まれる金額がある場合、金融商品会計基準に従って貸倒引当金を設定する（公開草案適用指針第33項）。

　これは、「敷金以外の建設協力金等の差入預託保証金」と同様である。

第1部　公開草案の徹底解説

第13章 貸手のリース

1 貸手の会計処理の基本的な考え方

　公開草案では、収益認識会計基準との整合性を図っている。それ以外は、従来の基準の考え方を踏襲し、基本的には取扱いを現行と変えていない。ただし、リースの定義及びリースの識別は変更や追加がある。

　このため、貸手においては、ファイナンス・リース取引及びオペレーティング・リース取引の区分や、所有権移転ファイナンス・リース取引及び所有権移転外ファイナンス・リース取引の区分は残る（公開草案会計基準第41項、第42項）。

　したがって、借手と貸手で取扱いや会計処理が異なることになる。

　一つ大きな変更点として、従来の基準で認められてきた「第二法（リース料受取時に売上高及び売上原価を計上する方法）」は認められなくなる。これは、収益認識会計基準において「割賦基準」による収益認識が認められなくなったことと整合する取扱いである。

2 公開草案での改正点等

　従来の基準では、ファイナンス・リース取引の会計処理につき、次の3つの方法を定めていた。

(ⅰ)　リース取引開始日に売上高と売上原価を計上する方法

(ⅱ)　リース料受取時に売上高と売上原価を計上する方法

(ⅲ)　売上高を計上せずに利息相当額を各期へ配分する方法

　このうち、(ⅱ)の方法については、リース期間中の各期の受取リース料を売上高として計上する方法であり、従来行われてきた割賦販売の処理を想定していた。

　一方、収益認識会計基準において割賦基準が認められなくなったため、整合性確保の観点から、公開草案では(ⅱ)の方法を廃止した。

118

⑴ 「リース取引開始日に売上高と売上原価を計上する方法(ⅰ)」と整合する公開草案の定め（所有権移転外ファイナンス・リース）

　(ⅰ)の方法は、リース料総額をリース取引開始日に売上高として計上する方法であり、主として製造業、卸売業等を営む企業が製品又は商品を販売する手法としてリース取引を利用する場合を想定している。

　ファイナンス・リースと資産の売却の経済実質は、取引対象となる資産を使用する権利が移転される点で類似している。このため、製品又は商品を販売することを主たる事業とする企業が、同時に貸手として同一の製品又は商品を原資産とする場合のファイナンス・リースでは、貸手は、リース開始日に売上高と売上原価を認識し、販売益を認識することが、収益認識会計基準と整合的な会計処理になる。

　このため、公開草案適用指針第67項では次の定めをおいている。

> **公開草案** 適用指針第67項
>
> 　貸手は、ファイナンス・リースについて、通常の売買取引に係る方法に準じた会計処理を行う（公開草案会計基準第43項）。製品又は商品を販売することを主たる事業としている企業が、同時に貸手として同一の製品又は商品を原資産としている場合で、貸手として行ったリースが所有権移転外ファイナンス・リースと判定されるとき、貸手は、次の会計処理を行う。
>
> ⑴　リース開始日に、貸手のリース料からこれに含まれている利息相当額を控除した金額で売上高を計上し、同額でリース投資資産を計上する。また、原資産の帳簿価額により売上原価を計上する。原資産を借手の使用に供するために支払う付随費用がある場合、当該付随費用を売上原価に含める。ただし、売上高と売上原価の差額が貸手のリース料に占める割合に重要性が乏しい場合は、上記の処理によらず、売上高と売上原価の差額である販売益相当額を売上高とせず、利息相当額に含めて処理することができる。
>
> ⑵　各期に受け取る貸手のリース料（「受取リース料」）を利息相当額とリース投資資産の元本回収とに区分し、前者を各期の損益として処理し、後

第1部　公開草案の徹底解説

者をリース投資資産の元本回収額として会計処理を行う（公開草案適用指針第67項）。

(2)　「売上高を計上せずに利息相当額を各期へ配分する方法(iii)」と整合する公開草案の定め（所有権移転外ファイナンス・リース）

(iii)の方法は、売上高を計上せず、利益の配分のみを行う方法であり、リース取引が有する複合的な性格の中でも、金融取引の性格が強い場合を想定している。

具体的には、リース料総額とリース物件の現金購入価額の差額は受取利息相当額として取り扱い、リース期間にわたり各期へ配分することとしている。

このため公開草案では、金融取引の性格が強い場合に当該方法を適用することとなるよう、次の、公開草案適用指針第68項の定めをおいている。

公開草案	適用指針第68項

貸手が原資産と同一の製品又は商品を販売することを主たる事業としていない場合で、貸手として行ったリースが所有権移転外ファイナンス・リースと判定されるとき、貸手は、次の会計処理を行う（公開草案適用指針第68項）。
(1)　リース開始日に、原資産の現金購入価額（原資産を借手の使用に供するために支払う付随費用がある場合は、これを含める。）により、リース投資資産を計上する。
(2)　受取リース料の会計処理は、前項第67項(2)と同様とする。

(3)　変更に伴う貸手への影響

(1)の方法と(2)の方法とでは、ファイナンス・リースに係る売上高を計上するか否かの点で大きな差異がある。(1)は売上高を計上する方法であるが、(2)は売上高を計上せず、利益の配分だけを行う方法である。このため、従来の基準下で、(i)「リース取引開始日に売上高と売上原価を計上する方法」又は(ii)「リース料受取時に売上高と売上原価を計上する方法」によりファイナンス・リースに係る売上高を計上している貸手は、当該取引の収益認識方法の変更に伴い損

第13章　貸手のリース

益計算書に大きな影響が生じる可能性がある。このため、貸手は次の点をあらかじめ検討しておくことが望まれる。

① 従来の基準で(i)「リース取引開始日に売上高と売上原価を計上する方法」を適用している貸手

　公開草案適用指針第67項に定める(1)の方法の適用により、引き続き、リース開始日にファイナンス・リースに関する売上高が計上されるか又は公開草案適用指針第68項に定める(2)の方法の適用により、今後は、ファイナンス・リースに係る売上高が計上されなくなるか、について検討を要する。

② 従来の基準で(ii)「リース料受取時に売上高と売上原価を計上する方法」を適用している貸手

　公開草案適用指針第67項に定める(1)の方法の適用により、ファイナンス・リースに関する売上高の計上時期が変更されるか又は公開草案適用指針第68項に定める(2)の方法の適用により、今後は、ファイナンス・リースに係る売上高が計上されなくなるか、について検討を要する。

⑷　所有権移転ファイナンス・リースのケース

　貸手の行ったリースが所有権移転ファイナンス・リースの場合、基本となる会計処理は、上記(1)及び(2)と同様となる。ただし、「リース投資資産」は「リース債権」と読み替える。また、割安購入選択権がある場合、当該割安購入選択権の行使価額を貸手のリース料及び受取リース料に含める。

3 | 貸手のリースに係る主な実務上の留意事項

⑴　貸手のリース期間

　貸手のリース期間の定義は借手とは相違して、従来の基準の定めを踏襲している。

> **公開草案** 会計基準第15項
>
> 　貸手のリース期間とは、借手が原資産を使用する権利を有する解約不能

第1部　公開草案の徹底解説

期間に、リースが置かれている状況からみて借手が再リースする意思が明らかな場合の再リースに係るリース期間（再リース期間）を加えた期間をいう（公開草案会計基準第15項）。

(2)　特別仕様物件

IFRS16には、所有権移転ファイナンス・リースと所有権移転外ファイナンス・リースの区分はない。特に特別仕様物件については、IFRS16に他の類似する定めもないため、公開草案がIFRS16との整合性を目指す中、その取扱いが論点になっていた。

公開草案では、所有権移転ファイナンス・リースに分類される3要件は、次の通りで、従来の基準の考え方を踏襲しその取扱いは変わらず現行の会計処理を継続できる。

> **公開草案**　適用指針第66項
>
> 貸手は、ファイナンス・リースについて、所有権移転ファイナンス・リースと所有権移転外ファイナンス・リースとに分類する（公開草案会計基準第42項）。本適用指針第58項でファイナンス・リースと判定されたもののうち、次の(i)から(iii)のいずれかに該当する場合、所有権移転ファイナンス・リースに分類し、いずれにも該当しない場合、所有権移転外ファイナンス・リースに分類する（公開草案適用指針第66項）。
>
> (i)　契約上、契約期間終了後又は契約期間の中途で、原資産の所有権が借手に移転することとされているリース
>
> (ii)　契約上、借手に対して、契約期間終了後又は契約期間の中途で、名目的価額又はその行使時点の原資産の価額に比して著しく有利な価額で買い取る権利（割安購入選択権）が与えられており、その行使が確実に予想されるリース
>
> (iii)　原資産が、借手の用途等に合わせて特別の仕様により製作又は建設されたものであって、当該原資産の返還後、貸手が第三者に再びリース又は売却することが困難であるため、その使用可能期間を通じて借手によっ

122

第13章　貸手のリース

てのみ使用されることが明らかなリース

　(iii)の特別仕様の原資産の中には、公開草案適用指針第66項(iii)において「借手の用途等に合わせて特別の仕様により製作又は建設されたもの」とされているように、専用性の高い機械装置等以外に特別仕様の建物等の不動産も含まれる。

(3)　利息相当額の配分

　利息相当額の総額の算定方法や利息相当額の配分の方法も従来の基準と変わらない。

公開草案	会計基準第45項

　貸手における利息相当額の総額は、貸手のリース料及び見積残存価額（貸手のリース期間終了時に見積られる残存価額で残価保証額以外の額）の合計額から、これに対応する原資産の取得価額を控除することによって算定する。当該利息相当額については、貸手のリース期間にわたり、原則として、利息法により配分する（公開草案会計基準第45項）。

　利息相当額の総額を貸手のリース期間中の各期に配分する方法は、原則として、利息法による。ただし、リースを主たる事業としない企業による所有権移転外ファイナンス・リースに重要性が乏しいと認められる場合、利息相当額の総額を貸手のリース期間中の各期に定額で配分できる（公開草案適用指針第70項）。この取扱いも従来の基準を踏襲している。

　ここで、「重要性が乏しいと認められる場合」とは、未経過の貸手のリース料及び見積残存価額の合計額の期末残高（公開草案適用指針第69項に従い利息相当額を利息法により各期に配分しているリースに係るものを除く）が当該期末残高及び営業債権の期末残高の合計額に占める割合が10パーセント未満である場合をいう（公開草案適用指針第71項）。具体的に以下のイメージである。

$$\frac{未経過リース料期末残高＋見積残存価額期末残高}{未経過リース料期末残高＋見積残存価額期末残高＋営業債権期末残高} < 10\%$$

第1部　公開草案の徹底解説

　なお、連結財務諸表においては、上記の判定を、連結財務諸表の数値を基礎として見直すことができる。見直しの結果、個別財務諸表の修正を行う場合、連結修正仕訳により修正を行う。

(4)　現在価値の算定における計算利子率

公開草案　適用指針第62項

　現在価値の算定を行うにあたっては、貸手のリース料の現在価値と貸手のリース期間終了時に見積られる残存価額で残価保証額以外の額（見積残存価額）の現在価値の合計額が、当該原資産の現金購入価額又は借手に対する現金販売価額と等しくなるような利率（貸手の計算利子率）を用いる（公開草案適用指針第62項）。

上記公開草案適用指針第62項の貸手の計算利子率は、以下のイメージになる。

$$I = p_0 + \frac{p_1}{(1+r)} + \frac{p_2}{(1+r)^2} + \frac{p_3}{(1+r)^3} + \cdots + \frac{p_{n-1}}{(1+r)^{n-1}} + \frac{p_n + Q}{(1+r)^n}$$

　I：貸手の購入価額等　$p_0 \sim p_n$：リース料総額の毎期（月）の受取額（割安購入選択権の行使価額や残価保証額も含む）で前払リース料がある場合を前提とする。Q：見積残存価額

　IFRS16のリースの計算利子率は、リース料の現在価値と無保証残存価値の現在価値の合計額が、原資産の公正価値と貸手の当初直接コストの合計額と等しくなる利子率である。公開草案における「貸手の計算利子率」は、従来の基準の定めを踏襲しており、IFRS16におけるリースの計算利子率とは主に貸手の当初直接コストを考慮しない点等が異なる。

(5)　不動産に係るリースの取扱い

　公開草案では、不動産に係るリースにつき以下の定めをおくが、従来の基準の取扱いと基本的には変わっていない。

第13章　貸手のリース

> **公開草案**　適用指針第64項
>
> 　土地、建物等の不動産のリースについても、公開草案適用指針第55項から前項に従い、ファイナンス・リースに該当するか、オペレーティング・リースに該当するかを判定する。ただし、土地については、同第66項の(1)又は(2)（所有権移転リースに分類される要件(1)又は(2)）のいずれかに該当する場合を除き、オペレーティング・リースに該当するものと推定する（公開草案適用指針第64項）。

　土地の経済的耐用年数は無限であるため、公開草案適用指針第66項の(1)「契約期間終了後又は契約期間の中途で原資産の所有権が借手に移転するケース」又は同第66項の(2)「借手に対して、契約期間終了後又は契約期間の中途で、割安購入選択権が与えられており、その行使が確実に予想されるリース」のいずれかに該当する場合を除いては、通常、フルペイアウトのリースに該当しない。

> **公開草案**　適用指針第65項
>
> 　土地と建物等を一括したリース（契約上、建物賃貸借契約とされているものも含む）は、原則として、貸手のリース料を合理的な方法で土地に係る部分と建物等に係る部分に分割した上で、建物等について、公開草案適用指針第58項(1)に定める現在価値基準の判定を行う（公開草案適用指針第65項）。

　貸手のリース料を土地に係る部分と建物等に係る部分に合理的に分割する方法としては次の(a)又は(b)が考えられ、このうち最も実態に合った方法を採用する。

(a)　賃貸借契約書等で、適切な土地の賃料が明示されている場合には、貸手のリース料から土地の賃料を差し引いた額を建物等のリース料とする。

(b)　貸手のリース料から土地の合理的な見積賃料を差し引いた額を建物等のリース料とみなす。合理的な見積賃料には、近隣の水準などを用いることが考えられる。

125

第1部　公開草案の徹底解説

⑹　オペレーティング・リース

　従来の基準では明確に示されていなかったオペレーティング・リース取引の会計処理につき、公開草案で以下の通り定めをおいている。

> **公開草案**　会計基準第46項・適用指針第78項
>
> 　貸手のオペレーティング・リースについては、通常の賃貸借取引に係る方法に準じた会計処理を行う（公開草案会計基準第46項）。貸手は、オペレーティング・リースによる貸手のリース料について、貸手のリース期間にわたり原則として定額法で計上する（公開草案適用指針第78項）。

　実務では、フリーレント（契約開始当初数か月間賃料が無償となる契約）やレントホリデー（賃料無料期間を分割させる制度で、賃料が無償の期間を契約期間内で分散させることが可能な制度）などに関する会計処理が必ずしも明らかでなく、従来の基準におけるオペレーティング・リース取引の会計処理の実務に多様性が生じてきており、企業間の比較可能性が損なわれている状況であった。

　ここで、貸手のオペレーティング・リースの会計処理につき、収益認識会計基準との整合性を図り、原則として定額法による計上を求めることは、リースの会計処理について企業間の比較可能性を高めることになる。

　公開草案では、収益認識会計基準との整合性を図り、貸手のリース料について、貸手のリース期間にわたり原則として定額法で計上することとしている。

　このため、フリーレント等を含むリースや、毎期のリース料が定額でないリース等について、貸手の収益認識方法に変更が生じる可能性がある。

　なお、公開草案が基準化された適用初年度の経過措置として、公開草案適用指針第114項ただし書きの方法（「適用初年度の期首より前に新たな会計方針を遡及適用した場合の適用初年度の累積的影響額を適用初年度の期首の利益剰余金に加減し、当該期首残高から新たな会計方針を適用することができる」）を選択する貸手は、従来の基準においてオペレーティング・リースに分類していたリースについて、適用初年度の期首に締結された新たなリースとして、基準化された公開草案（新リース会計基準）を適用することができる（公開草案適用指針第126項）。これによ

126

り、貸手は、対象のオペレーティング・リースについて、適用初年度の期首時点より前にフリーレント期間が終了しており当該時点以降のリース期間においては定額のリース料が発生する場合、遡及してリース収益の修正を行うことは不要になる。

(7) 建設協力金等の預り預託保証金

建設協力金等及び敷金について、これらの項目が、主にリースの締結により生じる項目であるため、具体的な会計処理の定めは、金融商品実務指針から削除し、以下の通り本適用指針に定めることとした（公開草案適用指針第79項から第82項）。

貸手の会計処理は、基本的に従来の基準の定めを維持することから、預り預託保証金に関する貸手の会計処理は、金融商品実務指針の定めを踏襲している。

公開草案 適用指針第79項

預り預託保証金の預り企業である貸手から、差入企業である借手に将来返還される建設協力金等の預り預託保証金（敷金を除く）に係る当初認識時の時価は、返済期日までのキャッシュ・フローを割り引いた現在価値である。預り企業である貸手は、当該預り預託保証金の受取額と当該時価との差額を長期前受家賃として計上し、契約期間にわたって各期の損益に合理的に配分する。また、当初時価と返済額との差額を契約期間にわたって配分し支払利息として計上する（公開草案適用指針第79項）。

公開草案 適用指針第80項

預り企業である貸手は、返済期日までの期間が短いもの等、その影響額に重要性がない預り預託保証金（敷金を除く）について、前項の会計処理を行わないことができる。前項の会計処理を行わない預り預託保証金は、債務に準じて会計処理を行う（公開草案適用指針第80項）。

127

第1部　公開草案の徹底解説

> **公開草案**　適用指針第81項
>
> 　預り企業である貸手は、預り預託保証金（敷金を除く）のうち、預り企業である貸手から差入企業である借手に将来返還されないことが契約上定められている金額について、賃貸予定期間にわたり定額法により収益に計上する（公開草案適用指針第81項）。

> **公開草案**　適用指針第82項
>
> 　預り企業である貸手は、将来返還する預り敷金について、債務額をもって貸借対照表価額とする。預り敷金のうち、預り敷金の預り企業である貸手から差入企業である借手に返還されないことが契約上定められている金額について、賃貸予定期間にわたり定額法により収益に計上する（公開草案適用指針第82項）。

⑻　ソフトウェア・リース

　公開草案では、リースとサービスが複合的に含まれる契約は、リース部分（公開草案を適用）と、サービス部分（収益認識会計基準を適用）とに分けて処理することからシステムを含めた対応を検討しなければならない可能性がある。

第14章　サブリース

第14章 サブリース

1 サブリースとは

公開草案におけるサブリースの定義は以下の通りである。

> **公開草案** 適用指針第4項
>
> サブリースとは、原資産が借手から第三者にさらにリースされ、当初の
> 貸手と借手の間のリースが依然として有効である取引をいう（公開草案適用
> 指針第4項）。
>
> 当初の貸手と借手の間のリースを「ヘッドリース」、ヘッドリースにおけ
> る借手を「中間的な貸手」という。

公開草案のサブリースの定義はIFRS16を踏襲したものである。従来の基準では「転リース」を定義していて、そこでは、「同一の資産を概ね同一の条件で」との要件があり、その分サブリースの定義と比べ、狭い定義となっていた。具体的には、サブリースの取引のうち、原資産の所有者から当該原資産のリースを受け、さらに同一資産を概ね同一の条件で第三者にリースする取引を転リース取引という。

IFRS16では貸借対照表、損益計算書ともヘッドリース及びサブリースをグロスで認識するが、従来の基準における転リースでは、損益計算書上、ネット処理が認められている。

2 サブリースの実務事例

サブリースが実際に利用されている事例として、自動販売機、洗車機、あるいは多店舗展開をするフランチャイズ・チェーンなどへ物品等をリースする場合等がある。フランチャイザーがユーザーで、個別の店舗をエンド・ユーザーとするサブリースを行う場合もある。例えば、清涼飲料水やアルコール類自動販売機の場合、ユーザー（メーカーあるいはディーラー）はリース会社から自動

129

第1部　公開草案の徹底解説

販売機全量をまとめてリースを受け、その物件を自社の小売店に対してそれぞれサブリースする。このケースでは、ユーザー、リース会社双方に次のメリットがある。

【ユーザーのメリット】

　自社製品の販売促進に貢献する自動販売機物件を比較的少額の購入資金で全量調達し、広範に小売店に供給することができる。

【リース会社のメリット】

　広範囲に存在している膨大な物件の管理が可能で、多数のエンド・ユーザーからのリース料の回収について、ユーザーのもとに一元化して回収できる。

---

3 サブリースの会計処理の考え方

　転貸者にとってヘッドリースから生じる義務は、一般的に、サブリースにより消滅することはない。これは、サブリースの相手とヘッドリースの相手は、通常、異なっており、それぞれの契約が別個に交渉されるためである。

　このため、サブリースの貸手は、ヘッドリースにおける原資産の賃借処理と、サブリースにおける使用権資産の賃貸処理とを特に整合させることはなく、それぞれ借手と貸手の会計基準を適用する2つの別個の契約として会計処理する（ただし「例外的な取扱い」があり、 5 で説明する）。

　サブリースでは、ヘッドリースとサブリースの契約は一般的に別個に交渉されており、中間的な貸手にとってヘッドリースから生じる義務は、一般にサブリースの契約条件によって消滅することはない。したがって、原則として、ヘッドリースとサブリースを2つの別個の契約として、借手と貸手の両方の会計処理を行う。

130

第14章　サブリース

4 　サブリースの原則的な会計処理

(1)　公開草案適用指針第85項の定め

　サブリースの原則的な会計処理について公開草案適用指針第85項に次の定めがある。

公開草案	適用指針第85項

　サブリース取引では、中間的な貸手は、ヘッドリースについて、借手のリースの会計処理を行い、サブリースについて、サブリースがファイナンス・リースとオペレーティング・リースのいずれに該当するかにより、次の会計処理を行う（公開草案適用指針第85項）。

(1)　サブリースがファイナンス・リースに該当する場合

　サブリースのリース開始日に、次の会計処理を行う。

①　サブリースした使用権資産の消滅を認識する。

②　サブリースにおける貸手のリース料の現在価値と使用権資産の見積残存価額の現在価値の合計額でリース投資資産又はリース債権を計上する。

③　計上されたリース投資資産又はリース債権と消滅を認識した使用権資産との差額は、損益に計上する。

(2)　サブリースがオペレーティング・リースに該当する場合

　サブリースにおける貸手のリース期間中に、サブリースから受け取る貸手のリース料について、オペレーティング・リースの会計処理（公開草案会計基準第46項）を行う。

(2)　原則的な会計処理におけるサブリースの分類

　サブリースを分類するにあたり、サブリースに供されている原資産そのものではなく、ヘッドリースから生じる使用権資産を参照して分類する。つまり、使用権資産のリスクと経済価値のほとんどすべてが移転するか否かの観点からリースの分類を行う。

131

第1部　公開草案の徹底解説

　私見だが、サブリースの分類にあたり使用権資産を参照して分類する理由は主として次の通りと思われる。

(i)　転貸者はリース物件を有していないこと

(ii)　サブリースがヘッドリースに対応する残存期間のほとんどすべてである場合、転貸者は使用権資産を有していないこと

(iii)　使用権資産に関する転貸者のリスクは、サブリースにより信用リスクに変化している。使用権資産を参照して分類すれば、ファイナンス・リースとされたサブリースはリース債権を計上することになり、当該リスクを反映できること

　原資産を参照する場合と比較して、ヘッドリースから生じる使用権資産を参照して分類すると、転貸者はサブリースの少なくない部分がファイナンス・リースに分類されることも考えられる。ただし、ヘッドリースを短期リース又は少額リースとして使用権資産を認識しないことを会計処理として選択している場合は、サブリースはオペレーティング・リースに分類される。

(3)　現在価値算定に用いる利率

　現在価値算定に用いる利率について、公開草案適用指針第86項に次の定めがある。

公開草案　適用指針第86項
公開草案適用指針第85項(1)②の現在価値の算定にあたっては、次の(i)の金額が(ii)の金額と等しくなるような利率を用いる（公開草案適用指針第86項）。 (i)　サブリースにおける貸手のリース料の現在価値と使用権資産の見積残存価額の現在価値の合計額 (ii)　当該使用権資産に係るサブリースのリース開始日に現金で全額が支払われるものと仮定した場合のリース料。このとき、当該リース料は、サブリースを実行するために必要な知識を持つ自発的な独立第三者の当事者が行うと想定した場合のリース料とする。また、当該リース料の算定

132

にあたっては、サブリースがヘッドリースのリース期間の残存期間にわたり行われるものと仮定する。

なお、当該利率の算出が容易でない場合、ヘッドリースに用いた割引率を用いることができる。

⑷　ファイナンス・リースの判定

サブリースにおけるファイナンス・リースの判定について、公開草案適用指針第87項に次の定めがある。

公開草案	適用指針第87項

次の(i)又は(ii)のいずれかに該当する場合、中間的な貸手のサブリースは、ファイナンス・リースと判定される（公開草案適用指針第87項）。

(i)　**現在価値基準**

サブリースにおける貸手のリース料の現在価値が、独立第三者間取引における使用権資産のリース料（公開草案適用指針第86項(ii)）の概ね90％以上であること

(ii)　**経済的耐用年数基準**

サブリースにおける貸手のリース期間が、ヘッドリースにおける借手のリース期間の残存期間の概ね75％以上であること（ただし、上記(i)の判定結果が90パーセントを大きく下回ることが明らかな場合を除く）

なお、ヘッドリースについて、短期リース又は少額リースに関する簡便的な取扱いを適用して使用権資産及びリース負債を計上していない場合、サブリースはオペレーティング・リースに分類する。

5　サブリースの例外的な取扱いと会計処理

IFRS16では、前項「 4 　サブリースの原則的な会計処理」に示した原則的な会計処理に対する例外は設けられていない。一方、公開草案では、一部のサブリース取引について、サブリース締結後もヘッドリースが有効であり、中間的

第1部　公開草案の徹底解説

な貸手がヘッドリースとサブリースを2つの別個の契約として借手と貸手の両方の会計処理を行うことが適切ではない場合があるとして、サブリース取引の例外的な定めを設けた。

具体的には以下の2つ、(1)と(2)のケースであり、各々に分けて説明する。

---

(1)　**中間的な貸手がヘッドリースに対してリスクを負わない場合の取扱い**

(2)　**転リース取引の取扱い**

なお、(1)と(2)の取扱いは、次の点を前提としている。

- 「中間的な貸手がヘッドリースに対してリスクを負わない場合の取扱い」と「転リース取引の取扱い」は、それぞれの取扱いにおける適用の要件を定めている。あるサブリース取引が、中間的な貸手がヘッドリースに対してリスクを負わない場合の取扱いと転リース取引の取扱いの両方の要件に該当することは想定していないこととされている。

- 「中間的な貸手がヘッドリースに対してリスクを負わない場合の取扱い」と「転リース取引の取扱い」は、IFRS16では定められていないため、これらの適用は任意とする。これは、IFRS任意適用企業がIFRS16の定めを個別財務諸表に用いても基本的に修正を不要とする基準開発の基本的な方針を考慮した取扱いである。

(1)　中間的な貸手がヘッドリースに対してリスクを負わない場合の取扱い

例えば、日本の不動産取引において、法的にヘッドリースとサブリースがそれぞれ存在する場合でも、中間的な貸手がヘッドリースとサブリースを2つの別個の契約として借手と貸手の両方の会計処理を行い、貸借対照表において資産及び負債を計上することが取引の実態を反映しない場合がある。

公開草案適用指針第88項では、次の通り、中間的な貸手がヘッドリースに対してリスクを負わない場合の取扱いとして、貸借対照表において別個の契約とせずに資産及び負債を計上しないことができる「例外的な取扱い」を定めた。

134

第14章　サブリース

> **公開草案**　適用指針第88項
>
> 　サブリースのうち、次の要件をいずれも満たす取引について、中間的な貸手は、公開草案適用指針第85項にかかわらず、サブリースにおいて受け取るリース料の発生時又は当該リース料の受領時のいずれか遅い時点で、貸手として受け取るリース料と借手として支払うリース料の差額を損益に計上することができる（公開草案適用指針第88項）。
>
> （ⅰ）　中間的な貸手は、サブリースの借手からリース料の支払を受けない限り、ヘッドリースの貸手に対してリース料を支払う義務を負わない。
>
> （ⅱ）　中間的な貸手のヘッドリースにおける支払額は、サブリースにおいて受け取る金額にあらかじめ定められた料率を乗じた金額である。
>
> （ⅲ）　中間的な貸手は、次のいずれを決定する権利も有さない。
>
> （①）　サブリースの契約条件（サブリースにおける借手の決定を含む）
>
> （②）　サブリースの借手が存在しない期間における原資産の使用方法

①　公開草案適用指針第88項「例外的な取扱い」の 3 要件

　中間的な貸手がヘッドリースに対して一切のリスクを負わず貸借対照表においてヘッドリースのリース負債を計上しないことが適切である限定的な取引だけを特定すべく、まず(ⅰ)及び(ⅱ)を要件に課した。

要件(ⅰ)：ヘッドリースにおける支払条件として、サブリースの借手からリース料の支払を受けない限りヘッドリースの貸手に対してリース料を支払う義務を負わないこと

要件(ⅱ)：ヘッドリースの貸手への支払額がサブリースにより受け取る金額にあらかじめ定められた料率を乗じた金額とされること

　次に、サブリースの中には以下（その 1 、その 2 ）に示すような場合があることを考慮して、中間的な貸手のヘッドリースに対する権利が限定的で、貸借対照表において使用権資産を計上しないことが適切である取引だけを特定すべく(ⅲ)（①）（②）を要件に課した。

その 1 ：サブリースの条件についての最終決定権をヘッドリースの貸手が有す

135

第1部　公開草案の徹底解説

　　る場合

その2：ヘッドリースの契約が存在している期間においても、中間的な貸手が

　　　　サブリースの対象となる原資産の使用方法を自由に決定できない場合

② 公開草案適用指針第88項「例外的な取扱い」で認めたネット処理

　公開草案適用指針第88項の要件はヘッドリースに対して一切のリスクを負わ
ないとする取引を特定するための要件である。当該取引に係る会計処理を考え
る際、収益認識適用指針において「企業が在庫リスクを有していること」が本
人の指標とされていること（収益認識適用指針第47項(2)）等に鑑みれば代理人と
して会計処理を行う場合と同様に純額表示することが適切と考えられる。この
ため、貸手として受け取るリース料と借手として支払うリース料の差額を損益
に計上するネット処理を認めた。

③ 公開草案適用指針第88項「例外的な取扱い」で認めた会計処理のタイミング

　サブリースの借手からリース料の支払を受けない限り、中間的な貸手がヘッ
ドリースの貸手にリース料を支払う義務を負わないことを当該例外的な取扱い
の要件とした。

　このため、この要件に合わせる形で、サブリースにおいて受け取るリース料
の発生時又はリース料の受領時のいずれか遅い時点で、貸手として受け取るリー
ス料と借手として支払うリース料との差額を損益に計上することとした。

(2) 転リース取引の取扱い

　公開草案適用指針第89項に転リースの定義が次のように定められている。

公開草案	適用指針第89項

　サブリースの取引のうち、原資産の所有者から当該原資産のリースを受
け、さらに同一資産を概ね同一の条件で第三者にリースする取引を転リー
ス取引という（公開草案適用指針第89項）。

136

第14章　サブリース

①　従来の基準における転リースの取扱い

　従来の基準では、主に機器等のリースについて仲介の役割を果たす中間的な貸手等を念頭に以下の会計処理を定めており、実務にも浸透している。具体的には、借手としてのリース取引及び貸手としてのリース取引の双方がファイナンス・リースに該当する場合、原則として以下の取扱いとなる。

《貸借対照表上の取扱い》

　リース投資資産（リース債権）とリース債務の双方を原則として利息相当額控除後の金額で計上する。なお、リース投資資産（リース債権）とリース債務は利息相当額控除前の金額で計上することができる。ただし、利息相当額控除前の金額で計上する場合は、貸借対照表に含まれる当該リース投資資産（リース債権）とリース債務の金額を注記する。

《損益計算書上の取扱い》

　貸手として受け取るリース料総額と借手として支払うリース料総額の差額を手数料収入として各期に配分し、「転リース差益」等の科目で損益計算書に計上する。原則として減価償却費、支払利息、売上高、売上原価等の科目では計上しない。

---

②　公開草案適用指針第89項の定め

　転リース取引の会計処理について公開草案適用指針第89項に次の定めがある。

公開草案　適用指針第89項

　中間的な貸手は、公開草案適用指針第85項にかかわらず、転リース取引のうち、貸手としてのリースが原資産を基礎として分類する場合にファイナンス・リースに該当する場合、次の通り会計処理ができる（公開草案適用指針第89項）。

(ⅰ)　貸借対照表上リース債権又はリース投資資産とリース負債の双方を計上する

(ⅱ)　損益計算書上、支払利息、売上高、売上原価等は計上せずに、貸手と

137

第1部　公開草案の徹底解説

して受け取るリース料と借手として支払うリース料の差額を手数料収入として各期に配分し、転リース差益等の名称で計上する。

なお、リース債権又はリース投資資産とリース負債は利息相当額控除後の金額で計上することを原則とするが、利息相当額控除前の金額で計上することができる。

リース債権又はリース投資資産から利息を控除するにあたって使用する割引率は、リース負債から利息相当額を控除する際の割引率を使用する。

③　公開草案において従来の基準の定めを踏襲した理由

公開草案では、従来の基準の定めを踏襲し、例外的な取扱いとした。

公開草案では、転リースにおける中間的な貸手は、ヘッドリースとサブリースを2つの別個の契約として借手と貸手の両方の会計処理を行うことが適切ではない場合として位置付けている。公開草案が、従来の基準の定めを踏襲し、例外的な取扱いとした理由は次の(i)(ii)の通りである。

(i)　貸借対照表上はリース債権又はリース投資資産とリース負債の双方を計上した上で、収益及び費用を純額とする定めであり、借手のすべてのリースについて資産及び負債の計上を求めるとする公開草案の主たる改正目的についての例外を定めるものではないこと

(ii)　サブリース取引の会計処理による財務諸表作成者の負担の増加への対応となること

④　ファイナンス・リースの要件

従来の基準では、転リース取引は、借手としてのリース取引及び貸手としてのリース取引の双方がファイナンス・リース取引に該当する取引を対象としており、公開草案においてもこの範囲を踏襲することとした。

ただし、公開草案では、借手のリースにつき、ファイナンス・リース及びオペレーティング・リースに分類しないこととしたため、貸手としてのリースが原資産を参照して分類する際にファイナンス・リースに該当する場合として定めている。

138

第14章 サブリース

⑶ サブリースしている場合のヘッドリースに関する簡便的な取扱い

公開草案では、借手が資産をサブリースしている場合のヘッドリースについて、少額リースに関する簡便的な取扱いを認めている。IFRS16では、借手が資産をサブリースしている場合、ヘッドリースについて少額リースに関する簡便的な取扱いを適用することができないという定めをおいている。一方、公開草案では実務負担の増加への対応から、当該定めは取り入れていない。

---

6 転リースに係る事例による会計処理

転リースにつき、事例12に基づいて、ヘッドリースの借手であり、かつ、サブリースの貸手の会計処理を示す。

事例12　転リースにおける中間的な貸手の会計処理

《前提》

✓ ヘッドリースは、リース開始日がX1年4月1日で、借手の追加借入利子率は年7％、借手は貸手の計算利子率を知り得ないとする。

✓ ヘッドリースの借手及び貸手のリース期間は5年とする。リース料の支払いは毎月末とする。なお、所有権移転リースには該当しない。

✓ ヘッドリースの借手の減価償却方法は定額法による。

✓ サブリースは、リース開始日がX2年4月1日、つまりX2年度期首にサブリース契約を締結した。サブリースの計算利子率は算定が困難とする。

✓ サブリースの借手及び貸手のリース期間は4年とする。リース料の支払いは毎月末とする。なお、所有権移転外ファイナンス・リースに該当する。

《会計処理》

以上の前提で、X2年4月1日以降のサブリースの貸手（ヘッドリースの借手で中間的な貸手）の会計処理仕訳を検討する。

139

第1部 公開草案の徹底解説

(1) X2年4月1日 サブリース開始日の仕訳

リース投資資産 (＊1)	×××	使用権資産 (＊2)	×××
減価償却累計額 (＊3)	×××	利　益	×××

(＊1)：サブリースに関するリース投資資産の回収スケジュールを作成し、その回収すべき元本総額となる。リース投資資産に係る回収スケジュール表の第1回回収の当月初残高がそれに該当する。リース投資資産の第1回回収の当月初残高は、サブリースの計算利子率の算定が困難であるため、サブリースの貸手（中間的な貸手）がヘッドリースに使用した借手の追加借入利子率である年7％を用いて貸手のリース料を現在価値に割引いた金額として求められる。

(＊2)：X1年4月1日の使用権資産残高になる。ヘッドリースの借手（中間的な貸手）は、ヘッドリースの貸手の計算利子率を知り得ないため、借手の追加借入利子率を用いて借手のリース料を現在価値に割引いて算定する。当該額がリース開始日に算定されたリース負債及び使用権資産の計上額となる。

(＊3)：X1年4月1日からX2年3月31日までの減価償却費になる。具体的には、(＊2)で算定した使用権資産の計上額に1年／5年を乗じて計算する。(＊1)で算定した額と(＊3)で算定した額とを合算した額と、(＊2)で算定した額との差額が損益となる。

(2) X2年4月30日 サブリースの第1回回収日の仕訳

現金預金	×××	リース投資資産 (＊4)	×××
		受取利息 (＊4)	×××

(＊4)：(＊1)で作成したサブリースに関するリース投資資産の回収スケジュール表の第1回回収（X2年4月30日）に伴う「元本分回収」がリース投資資産残高の減少額に、「利息分計上」が受取利息の計上額にそれぞれ該当する。

第1回（X2年4月30日）回収分以降も、4年にわたり、第48回（X6年3月31日）回収分まで同様の会計処理を行う。

第14章　サブリース

7 サブリース取引に関する実務上の留意事項

　サブリース取引に関する実務上の留意事項は以下の通りである。

✓公開草案では、従来の基準を改正し、IFRS16が定める「サブリース」の取扱いに整合する取扱いを示している。定めの中で、日本の不動産会社等の取引にみられるような「中間的な貸手がヘッドリースに対しリスクを負わないケース」や「転リース取引」について例外的取扱いを認めている。当該内容を正しく理解したうえで、適正な実務対応を図る必要がある。

第15章 セール・アンド・リースバック取引

1 セール・アンド・リースバック取引とは

セール・アンド・リースバック取引の定義について、公開草案適用指針第4項に次の定めがある。

> **公開草案** 適用指針第4項
>
> セール・アンド・リースバック取引とは、売手である借手が資産を買手である貸手に譲渡し、売手である借手が買手である貸手から当該資産をリース（リースバック）する取引をいう（公開草案適用指針第4項）。

セール・アンド・リースバック取引のイメージを図表1-22に示した。

図表1-22 セール・アンド・リースバック取引のイメージ図

第15章　セール・アンド・リースバック取引

2　セール・アンド・リースバック取引に係る従来の基準の定め

　従来の基準では、セール・アンド・リースバック取引について、次のように会計処理を定めていた。

（i）　ファイナンス・リース取引と判定された場合、原則として、譲渡取引に伴う売却損益は長期前受収益（売却益の場合）又は長期前払費用（売却損の場合）等の科目により繰延処理する。

（ii）　長期前受収益又は長期前払費用等は、各事業年度のリース資産の減価償却費の割合に応じて費用化し、費用化した金額は、リース資産の減価償却費に加減する。

　「資産の譲渡取引」と「リースバック取引」が一体で行われた場合、資産の譲渡が売却に該当しない場合がある。この際、売却が実現しているか否かの判断にあたり、借手が自ら購入し、セール・アンド・リースバック取引を行うことに合理的な理由があるか、金融取引を目的に行う取引ではないか、などがポイントとなる。

　会計処理は、リース取引がファイナンス・リース取引と判定されるか否かにより、譲渡取引における売却損益の取扱いが異なる。なお、セール・アンド・リースバック取引におけるファイナンス・リースの判定は、通常のファイナンス・リースの判定と同様に行う。

3　法人税法の定め

　法人税法では、「資産の譲渡取引」と「リースバック取引」が一体として行われ、一連の取引が実質的に金銭の貸借であると認められるときは当該取引を金融取引と認定する。当該取引が金銭の貸借、すなわち金融取引と認定されれば、資産の売買はなかったものとし、賃借人（譲渡人）が資産の売買により計上した譲渡損益は益金や損金に算入しない。譲渡損益はなかったものとされ、賃借人（譲渡人）が賃貸人（譲受人）から受け入れた額は借入金とする。

143

第1部　公開草案の徹底解説

　「一連の取引」が「実質的に金銭の貸借であると認められるとき」に該当するか否かは、取引当事者の意図、リース資産の種類、その売買及び賃貸に至るまでの事情その他の状況に照らして判断する。この際、リースバック取引がそのリース資産を担保とする金融取引を行うことを目的としているか否か等が判断にあたってのポイントになる。

　取引が金銭の貸借とされた場合、法人税法上、譲渡はなかったこととされ、賃借人及び賃貸人は以下の処理を行う。

《賃借人》

（i）　資産の売買はなかったものとし、賃借人（譲渡人）が資産の売買により計上した譲渡損益は益金や損金に算入せず、譲渡損益はなかったものとする。

（ii）　賃借人（譲渡人）が賃貸人（譲受人）から受け入れた額は借入金とする。

（iii）　賃借人（譲渡人）がリース期間中に支払うリース料総額のうち、借入金相当額は元本返済額とし、それ以外を支払利息として取り扱う。支払利息の計算は定額法が認められる。

《賃貸人》

（i）　資産の売買はなかったものとし、賃貸人（譲受人）が賃借人（譲渡人）に支払う金額は貸付金とする。

（ii）　賃貸人（譲受人）がリース期間中に受け取るリース料総額のうち、貸付金相当額は元本回収額とし、それ以外を受取利息として取り扱う。受取利息の計算は定額法が認められる。

　なお、定めの主旨に鑑み、次のものは金銭の貸借とされるリース取引には該当しない。

（i）　譲渡人が譲受人に代わって資産を購入することに相当な理由があり、かつ、その資産につき、立替金、仮払金等の仮勘定で処理し、譲渡人における購入価額により譲受人に譲渡するもの

（ii）　法人が事業の用に供している資産について、その資産の管理事務の省力化や経営の合理化等のために行われるもの

ここで、(i)の「相当な理由」には、例えば、以下のものがある。

① 多種類の資産を導入する必要があるため、譲渡人がその資産を購入した方が事務の効率化が図れること

② 輸入機器のように通関事務等に専門的知識が必要とされること

③ 既往の取引状況に照らし、譲渡人が資産を購入する方が安く購入できること

4 公開草案の定め

(1) 問題の所在

資産の譲渡とリースバックは形式上別個の取引である。しかし、これらの取引が組み合わされることで、借手（売手）が、貸手（買手）に譲渡された資産から生じる経済的利益を、リースバックにより引き続き享受しているにも関わらず、当該資産を譲渡した時点で譲渡に係る損益が認識される、という問題点がある。

そこで、公開草案では、セール・アンド・リースバック取引における資産の譲渡の取扱いについての定めを設けた。リースバックにより、借手（売手）が、貸手（買手）に譲渡された資産から生じる経済的利益を引き続き享受しているにも関わらず、当該資産を譲渡した時点で譲渡に係る損益が認識されるケース等では、実質的な譲渡資産の買戻しに実態が近いとも考えられる。このため、資産の譲渡損益を認識することは適切ではなく、金融取引として処理すべきとの考え方によるものと思われる。

一方、我が国では、建設請負工事契約と一括借上契約が同時に締結される取引等において、収益が一定の期間にわたり認識される場合、セール・アンド・リースバック取引の定めが適用されるか否かが問題となる。この点、IFRS16においては、セール・アンド・リースバック取引の定めが適用される範囲、特に「収益が一定期間にわたり認識される場合」であっても、セール・アンド・リースバック取引の定めが適用されるのかどうかについて、明確になっていない。

公開草案では、これらの点も含めて定めをおいている。まずは、収益が一定

第1部　公開草案の徹底解説

の期間にわたり認識される場合の取扱い（(2)参照）から検討する。

(2)　セール・アンド・リースバック取引に該当しない場合

　公開草案では、セール・アンド・リースバック取引は、IFRS16と同様に「売手である借手が資産を買手である貸手に譲渡し、リースバックする取引」と定義している。この定義においては、譲渡された資産とリースされた資産が同一であることが重要な要素となる。

　そこで、「収益が一定期間にわたり認識される場合」について、公開草案適用指針第50項では以下の定めをおいている。

公開草案　適用指針第50項

　リースバックが行われる場合でも、売手である借手による資産の譲渡が次のいずれかであればセール・アンド・リースバック取引に該当しない（公開草案適用指針第50項）。

(ⅰ)　企業会計基準第29号「収益認識に関する会計基準」（「収益認識会計基準」）に従い、一定の期間にわたり充足される履行義務（収益認識会計基準第36項）の充足によって行われるとき

(ⅱ)　企業会計基準適用指針第30号「収益認識に関する会計基準の適用指針」（「収益認識適用指針」）第95項を適用し、工事契約における収益を完全に履行義務を充足した時点で認識することを選択するとき

　(ⅰ)及び(ⅱ)では、資産の譲渡により借手（売手）から貸手（買手）に支配が移転されるのは仕掛中の資産であり、移転された部分だけでは資産の使用から経済的利益を享受できる状態にない。一方、リースバックにより売手である借手が支配を獲得する使用権資産は完成した資産であるため、譲渡された資産とリースされた資産は同一とはいえない。このため、(ⅰ)及び(ⅱ)はセール・アンド・リースバック取引に該当しない。

　例えば、我が国の建設工事請負契約と一括借上契約が同時に締結される取引等において、収益が一時点ではなく「一定期間にわたり」認識される場合等がこれに該当する。

146

第15章　セール・アンド・リースバック取引

　次に、借手（売手）による資産の譲渡が収益認識会計基準等の他の会計基準等により、一時点で損益を認識する「売却」に該当すると判断される場合で、借手（売手）が、当該資産を貸手（買手）に譲渡し、譲渡した当該資産をリースする場合がある。このケースでは、譲渡された資産とリースされた資産は同一と考えられ、当該取引はセール・アンド・リースバック取引に該当する。この点は、次の(3)で取扱う。

(3)　セール・アンド・リースバック取引に該当する場合

　セール・アンド・リースバック取引に該当する場合について、公開草案適用指針第51項では、「資産の譲渡が売却に該当するか否かの判断」をポイントとして、以下の定めをおいている。

公開草案　適用指針第51項

　売手である借手は、セール・アンド・リースバック取引における資産の譲渡が売却に該当するか否かについて判断を行い、次のとおり会計処理を行う（公開草案適用指針第51項）。

(1)　資産の譲渡が売却に該当しない場合

　次のいずれかに該当する場合、売手である借手による資産の譲渡は売却に該当しない。この場合、売手である借手は当該資産の譲渡とリースバックを一体の取引とみて、金融取引として会計処理を行う。

　①　売手である借手による資産の譲渡が、収益認識会計基準などの他の会計基準等により売却に該当しないと判断される場合

　②　リースバックにより、売手である借手が、資産からもたらされる経済的利益のほとんどすべてを享受することができ、かつ、資産の使用に伴って生じるコストのほとんどすべてを負担することとなる場合

(2)　資産の譲渡が売却に該当する場合

　売手である借手による資産の譲渡が、収益認識会計基準などの他の会計基準等により、一時点で損益を認識する売却に該当すると判断される場合、売手である借手は、当該資産の譲渡について収益認識会計基準などの他の

147

第1部　公開草案の徹底解説

> 会計基準等に従い当該損益を認識し、リースバックについて公開草案会計
> 基準及び公開草案適用指針に従い借手の会計処理を行う。ただし、一時点
> で損益を認識する売却に該当すると判断される場合であっても、(1)②に該
> 当する場合は金融取引として会計処理を行う。

　公開草案適用指針第51項のポイントは次の3点である。

Ⅰ　リースバックにより売手である借手が「資産からもたらされる経済的利益
　のほとんどすべてを享受することができ、かつ、資産の使用に伴って生じる
　コストのほとんどすべてを負担する」場合、資産の譲渡は売却に該当せず、
　金融取引として会計処理を行う

Ⅱ　売手である借手による資産の譲渡が収益認識会計基準などの他の会計基準
　により、「一時点で損益を認識する売却」に該当すると判断される場合であっ
　ても、公開草案適用指針第51項(1)②に該当する場合、つまりⅠに該当する場
　合には、金融取引として会計処理を行う。

Ⅲ　売手である借手による資産の譲渡が収益認識会計基準などの他の会計基準
　により、売却に該当しないと判断される場合、売手である借手は、当該資産
　の譲渡とリースバックを一体の取引とみて、金融取引として会計処理を行う。

　つまり、公開草案適用指針第51項(1)②の要件を満たす限り、資産の譲渡が
「売却」に該当するか否かに関わらず、借手（売手）は金融取引として会計処理
する。これは、当該ケースでは、借手（売手）が譲渡した資産を直ちに買い戻
すことと実質的に変わらないという判断なのではないかと思われる。

⑷　IFRS16及び米国Topic842との関係

　公開草案の定めは、基本的に、FASB Accounting Standards Codification（米
国財務会計基準審議会（FASB）による会計基準のコード化体系）のTopic842「リー
ス」（以下「Topic842」という）の定めを参考に策定されている。

　IFRS16では、原則として以下の会計処理となり、公開草案の定めとは必ずし
も整合していない。

148

> ✓ 資産の譲渡が売却に該当するのは、IFRS15「顧客との契約から生じる収益」の要求事項を満たす場合のみである。
> ✓ IFRS15により収益が認識されると判断される場合、買手である貸手に移転された権利部分については権利の譲渡に係る利得又は損失を譲渡時に認識し、リースバックにより借手（売手）が継続して保持する権利部分については権利の譲渡に係る利得又は損失を繰り延べる。

公開草案がIFRS16に準拠せず、Topic842を参考に策定したのは次の理由による。

- IFRS16に準拠すると、資産の譲渡につき、収益認識会計基準等により損益を認識する場合でも、当該資産の譲渡に係る損益の調整を求めることになり、収益認識会計基準等の考え方とは異なる考え方を採ることになる。
- IFRS16では、リースバックにより借手（売手）が継続して保持する権利に係る利得又は損失は売却時に認識しないため売却損益の調整が必要となる。
このため、Topic 842のモデルよりも複雑となる。資産譲渡に係る複雑な損益調整に代えて、開示の要求をすることにより有用な情報の提供につながる。

(5) 資産譲渡損益計上の適正性

① 資産譲渡対価とリース料の関係と問題の所在

セール・アンド・リースバック取引では、資産の譲渡とリースバックをパッケージとして交渉することが多い。資産の譲渡対価とリースバック時の借手のリース料とに相互依存性がある。資産の譲渡対価及び関連するリースバック時の借手のリース料が、各々時価及び市場のレートでのリース料よりも高い（低い）金額で取引され、一体としての利益の総額が同じでも、資産の譲渡に係る損益が過大（過小）に計上される可能性がある。

② 資産譲渡損益適正性に係る公開草案の定め

前項①で示した問題を受け、公開草案適用指針第52項では資産の譲渡損益を適切に計上するため、次の取扱いを定めている。

第1部　公開草案の徹底解説

> **公開草案** 適用指針第52項
>
> 　公開草案適用指針第51項(2)の場合（資産の譲渡が売却に該当する場合）に
> 資産の譲渡対価が明らかに時価ではない時又は借手のリース料が明らかに
> 市場のレートでのリース料ではない時には、売手である借手は、当該資産
> の譲渡対価と借手のリース料について次の通り取り扱う（公開草案適用指針
> 第52項）。
>
> (ⅰ)　資産の譲渡対価が明らかに時価を下回る場合、時価を用いて譲渡につ
> 　　いて損益を認識し、譲渡対価と時価の差額について使用権資産の取得価
> 　　額に含める。
>
> (ⅱ)　借手のリース料が明らかに市場のレートでのリース料を下回る場合、
> 　　借手のリース料と市場のレートでのリース料との差額につき譲渡対価を
> 　　増額した上で譲渡について損益を認識し、当該差額について使用権資産
> 　　の取得価額に含める。
>
> (ⅲ)　資産の譲渡対価が明らかに時価を上回る場合、時価を用いて譲渡につ
> 　　き損益を認識し、譲渡対価と時価の差額につき金融取引として会計処理
> 　　を行う。
>
> (ⅳ)　借手のリース料が明らかに市場のレートでのリース料を上回る場合、
> 　　借手のリース料と市場のレートでのリース料との差額につき譲渡対価を
> 　　減額した上で譲渡について損益を認識し、当該差額について金融取引と
> 　　して会計処理を行う。
>
> 　資産の譲渡対価が明らかに時価ではないかどうか又は借手のリース料が
> 明らかに市場のレートでのリース料ではないかどうかは、資産の時価と市
> 場のレートでのリース料のいずれか容易に算定できる方を基礎として判定
> する。(ⅰ)又は(ⅱ)は、譲渡対価を増額する場合に適用し、(ⅲ)又は(ⅳ)は、譲
> 渡対価を減額する場合に適用する。

　当該取扱いは、公開草案適用指針第50項(ⅰ)及び(ⅱ)「セール・アンド・リース
バックに該当しない場合」の取引にも適用する。（公開草案適用指針第53項）。

150

第15章　セール・アンド・リースバック取引

③　収益認識会計基準の定めと損益譲渡の適正性

　収益認識会計基準では独立販売価格に基づく取引価格（対価）の配分を定めている。（収益認識会計基準第68項）また、公開草案でも、リースを構成する部分とリースを構成しない部分への対価の配分につき、独立販売価格に基づく配分を求めている（公開草案適用指針第13項）。これらの取扱いと整合するよう、セール・アンド・リースバック取引につき、資産の譲渡対価が明らかに時価ではない場合又は借手のリース料が明らかに市場のレートではない場合、当該資産の時価又は市場のレートでのリース料により譲渡損益を計上する定めをおいた（公開草案適用指針第52項）。

　資産の譲渡対価と借手のリース料がそれぞれ時価と市場のレートでのリース料よりも高い（低い）金額で取引される可能性は、資産の譲渡に係る損益が一定期間にわたり認識されるものか一時点で認識されるものかに関わらず存在するため、いずれの場合でも公開草案適用指針第52項の取扱いを同様に適用する。

⑹　売手である借手による原資産の支配の獲得

　売手である借手による原資産の支配の獲得について、公開草案適用指針第54項で次のように定めがある。

公開草案	適用指針第54項

> 　売手である借手が原資産を移転する前に原資産に対する支配を獲得しない場合、当該資産の移転と関連するリースバックはセール・アンド・リースバック取引に該当しない。例えば、売手である借手が原資産に対する法的所有権を獲得しても、資産が貸手に移転される前に借手が資産に対する支配を獲得しない場合、当該取引はセール・アンド・リースバック取引ではなく、リースとして会計処理を行う（公開草案適用指針第54項）。

⑺　貸手の取扱い

　公開草案適用指針第83項及び第84項では貸手の取扱いにつき以下の定めをおいている。貸手の会計処理は基本的に従来の基準と変わらない。

151

第1部　公開草案の徹底解説

> **公開草案**　適用指針第83項・第84項
>
> 　セール・アンド・リースバック取引におけるリースバックが、ファイナ
> ンス・リースに該当するかどうかの貸手による判定は、公開草案適用指針
> 第55項から第66項に示したところによる。ただし、この判定において、経
> 済的耐用年数については、リースバック時における原資産の性能、規格、
> 陳腐化の状況等を考慮して見積った経済的使用可能予測期間を用いるとと
> もに、当該原資産の借手の現金購入価額については、借手の実際売却価額
> を用いるものとする（公開草案適用指針第83項）。
>
> 　当該リースバックがファイナンス・リースに該当する場合の会計処理は、
> 公開草案適用指針第67項から同第77項までと同様とし、当該リースバック
> がオペレーティング・リースに該当する場合の会計処理は、同第78項と同
> 様とする（公開草案適用指針第84項）。

5　セール・アンド・リースバック取引に関する実務上の留意事項

　セール・アンド・リースバック取引に関する実務上の留意事項は以下の通り
である。

✓ 公開草案は、IFRS16に準拠せず、米国Topic842を参考に策定されており、
　セール・アンド・リースバック取引に該当するか否かの判断にあたり、収益
　認識の時点（一時点か一定期間か）等がポイントになる。

✓ セール・アンド・リースバック取引に該当する場合には、資産譲渡が売却に
　該当しない場合だけでなく、一時点で損益を認識する売却であっても、売手
　である借手が資産からもたらされる経済的利益のほとんどすべてを享受する
　ことができ、かつ、資産の使用に伴って生じるコストのほとんどすべてを負
　担する場合は、金融取引として会計処理する。当該内容を正しく理解したう
　えで、適正な実務対応を図る必要がある。

第16章　開　示

第16章　開　示

1　表　示

《借手》

　公開草案では、借手の会計処理をIFRS16と整合的なものとする中で、借手の表示についても、IFRS16と整合的なものとする。

(1)　使用権資産の表示

公開草案	会計基準第47項

　使用権資産について、次のいずれかの方法により、貸借対照表において表示する（公開草案会計基準第47項）。
(i)　対応する原資産を自ら所有していたと仮定した場合に貸借対照表において表示するであろう科目に含める方法
(ii)　対応する原資産の表示区分（有形固定資産、無形固定資産又は投資その他の資産）において使用権資産として区分する方法

　IFRS16では、借手は使用権資産について、他の資産と区分して、財政状態計算書に表示する又は注記で開示する。一方、公開草案では、固定資産の分類を変更し、固定資産に新たな「使用権資産」という区分を設けることはしないこととした。

　使用権資産の表示方法のイメージを図表1-23に示した。

153

第1部　公開草案の徹底解説

図表1-23　使用権資産の表示方法のイメージ図

Ⅰ法：対応する原資産を自ら所有していたと仮定した場合に表示するであろう科目に含める方法

《貸借対照表》

有形固定資産		
建物及び構築物	※	××××
機械装置及び運搬具	※	××××
無形固定資産		
のれん		××××
ソフトウェア	※	××××

※当該科目に使用権資産を含めて表示する

Ⅱ法：対応する原資産の表示区分において使用権資産として区分する方法

《貸借対照表》

有形固定資産	
建物及び構築物	××××
機械装置及び運搬具	××××
使用権資産	××××
無形固定資産	
のれん	××××
ソフトウェア	××××
使用権資産	××××

　　　　ただし、Ⅰ法、Ⅱ法のいずれによる場合でも、使用権資産の帳簿価額について、表示科目ごとの金額の開示を要する。

《注記》　使用権資産の残高

建物及び構築物	××××
機械装置及び運搬具	××××
ソフトウェア	××××
合計	××××

(2)　リース負債及び利息費用の表示

公開草案　会計基準第48項・第49項

　リース負債について、貸借対照表において区分して表示する又はリース負債が含まれる科目及び金額を注記する。このとき、貸借対照表日後1年以内に支払の期限が到来するリース負債は流動負債に属するものとし、貸借対照表日後1年を超えて支払の期限が到来するリース負債は固定負債に属するものとする（公開草案会計基準第48項）。

　リース負債に係る利息費用について、損益計算書において区分して表示する又はリース負債に係る利息費用が含まれる科目及び金額を注記する（公開草案会計基準第49項）。

　損益計算書に関して、リース負債に係る利息費用の開示は、リース負債の帳

154

第16章　開　示

簿価額を他の負債と区分した開示とともに、借手のリース負債及び財務コストに関する情報を提供する。

《貸手》

　貸手の会計処理は、収益認識会計基準との整合性を図る点並びにリースの定義及びリースの識別を除き、基本的に従来の基準の定めを踏襲しており、貸手の表示についても、従来の基準を踏襲する。

⑶　リース債権及びリース投資資産

公開草案	会計基準第50項

> リース債権及びリース投資資産のそれぞれについて、貸借対照表において区分して表示する又はそれぞれが含まれる科目及び金額を注記する。ただし、リース債権の期末残高が、当該期末残高及びリース投資資産の期末残高の合計額に占める割合に重要性が乏しい場合、リース債権及びリース投資資産を合算して表示又は注記することができる。このとき、リース債権及びリース投資資産について、当該企業の主目的たる営業取引により発生したものである場合には流動資産に表示する。また、当該企業の主目的たる営業取引以外の取引により発生したものである場合には、貸借対照表日の翌日から起算して1年以内に入金の期限が到来するものは流動資産に表示し、入金の期限が1年を超えて到来するものは固定資産に表示する（公開草案会計基準第50項）。

- 従来の基準を踏襲し、貸借対照表について、所有権移転ファイナンス・リースに係るリース債権と所有権移転外ファイナンス・リースに係るリース投資資産は区分して表示する。IFRS16ではリース債権とリース投資資産は区分されていない。
- このため、リース債権の期末残高が、当該期末残高及びリース投資資産の期末残高の合計額に占める割合に重要性が乏しい場合、貸借対照表上、リース債権及びリース投資資産を合算して開示できる。これは財務諸表利用者にとっ

155

第1部　公開草案の徹底解説

て情報有用性に影響が乏しいからである。

● リース債権及びリース投資資産は、一般的な流動固定の区分基準に従い、当該企業の主目的たる営業取引で生じたものであるか否かにより、流動資産に表示するか、固定資産に表示するかを区分する。

⑷　損益計算書の区分

> **公開草案**　会計基準第51項
>
> 　次の事項について、損益計算書において区分して表示する又はそれぞれが含まれる科目及び金額を注記する（公開草案会計基準第51項）。
> （ⅰ）　ファイナンス・リースに係る販売損益（売上高から売上原価を控除した純額）
> （ⅱ）　ファイナンス・リースに係るリース債権及びリース投資資産に対する受取利息相当額
> （ⅲ）　オペレーティング・リースに係る収益（貸手のリース料に含まれるもののみを含める）

● 損益計算書に関して、貸手のファイナンス・リース及びオペレーティング・リースに係る各損益項目の開示は、収益認識会計基準において収益の分解情報の注記を求めていることと同様に、財務諸表利用者が収益の様々な構成部分に関する情報を理解できる有用な情報を提供する。

2　注記事項

⑴　開示目的

公開草案では注記事項の開示目的につき、以下の定めをおいた。

> **公開草案**　会計基準第52項
>
> 　リースに関する注記における開示目的は、借手又は貸手が注記において、財務諸表本表で提供される情報と合わせて、リースが借手又は貸手の財政

156

第16章　開　示

状態、経営成績及びキャッシュ・フローに与える影響を財務諸表利用者が
評価するための基礎を与える情報を開示することにある（公開草案会計基準
第52項）。

　公開草案会計基準第52項で開示目的を定めることで、リースの開示の全体的
な質と情報価値が開示目的を満たすのに十分であるか否かを評価するよう企業
に要求している。これに伴い、より有用な情報が財務諸表利用者にもたらされ
ることが期待される。

　同項の開示目的を達成するために必要な情報は、リースの類型等により異な
るものであるため、注記する情報は、同項に掲げる注記事項に限定するもので
はない。同項に掲げる注記事項以外でも、その開示目的を達成するために必要
な情報は、リース特有の取引に関する情報として注記する。

公開草案 適用指針第91項・第92項

　借手及び貸手が注記する情報には、例えば、次のようなものがある。
(i)　借手のリース活動の性質
(ii)　借手が潜在的に晒されている将来キャッシュ・アウトフローのうちリー
　　ス負債の測定に反映されていないもの（例えば、借手の変動リース料、延
　　長オプション及び解約オプション、残価保証、契約しているがまだ開始してい
　　ないリース）
(iii)　借手がリースにより課されている制限又は特約
(iv)　借手がセール・アンド・リースバック取引を行う理由及び取引の一般
　　性
(v)　貸手のリース活動の性質
(vi)　貸手による原資産に関連したリスクの管理戦略や当該リスクを低減し
　　ている手段（例えば、買戻契約、残価保証、所定の限度を超える使用に対し
　　て変動するリース料）

　借手及び貸手のいずれにも該当する企業は、借手及び貸手として各々記載す
る情報を検討するにあたり、借手及び貸手の各々の立場から開示目的を達成す

157

第1部　公開草案の徹底解説

るか否かを判断する。IFRS16では、多くのリースは、変動リース料、解約及び
延長オプション、残価保証など複雑な要素を含んでおり、すべての企業に対す
る標準的な開示要求のみでは財務諸表利用者のニーズを満たさない可能性が高
いことから、開示目的を満たすために必要な追加の定性的情報及び定量的情報
の例が示されている。

　公開草案においても、リースはさまざまな要素を含む場合があり、標準的な
開示要求に加えて、開示目的に照らした追加の情報の追記を求めている。

⑵　借手の注記

　公開草案会計基準第52項の開示目的を達成するため、リースに関する注記と
して、次の事項を注記する（公開草案会計基準第53項）。

① **　会計方針に関する情報**

② **　リース特有の取引に関する情報**

③ **　当期及び翌期以降のリースの金額を理解するための情報**

- これらは、開示目的との関連を踏まえ、財務諸表利用者に理解しやすい注記
  となるよう分類したもので、借手の注記事項もIFRS16と整合的なものとした。
  一方、取り入れずとも国際的な比較可能性を大きく損なわせないものは、取
  り入れないこととした。

- リースに関する注記を記載するにあたり、①から③の注記事項の区分に従い
  注記事項を記載する必要はない。また、リースに関する注記を独立の注記項
  目とし、他の注記事項に既に記載している情報は、繰り返す必要はなく、当
  該他の注記事項を参照できる（公開草案会計基準第54項、第55項）。

　借手の注記事項のまとめを図表1-24に示した。

第16章 開　示

図表 1 -24　借手の注記事項（まとめ）

1．会計方針に関する情報
(i)　リースを構成する部分と関連するリースを構成しない部分とを合わせてリースを構成する部分として会計処理を行う選択
(ii)　指数又はレートに応じて決まる借手の変動リース料に関する例外的な取扱いの選択
(iii)　借地権の設定に係る権利金等に関する会計処理の選択

2．リース特有の取引に関する情報
① 貸借対照表に関する情報
(i)　使用権資産の帳簿価額（対応する原資産を自ら所有していたと仮定した場合の表示科目ごと）
(ii)　指数又はレートに応じて決まる借手の変動リース料に関する例外的な取扱いにより会計処理を行ったリースに係るリース負債
(iii)　償却していない旧借地権の設定に係る権利金等又は普通借地権の設定に係る権利金等
② 損益計算書に関する情報
(i)　短期リースに係る費用の発生額
(ii)　リース負債に含めていない借手の変動リース料に係る費用の発生額
③ セール・アンド・リースバック取引に関する情報
(i)　セール・アンド・リースバック取引から生じた売却損益
(ii)　セール・アンド・リースバック取引の主要な条件
④ サブリース取引に関する情報
(i)　使用権資産のサブリースによる収益
(ii)　中間的な貸手がヘッドリースに対してリスクを負わない場合のサブリース取引について計上した損益
(iii)　利息相当額控除前の金額で計上する場合の転リース取引に係るリース債権又はリース投資資産及びリース負債

3．当期及び翌期以降のリースの金額を理解するための情報
(i)　リースに係るキャッシュ・アウトフローの合計額
(ii)　使用権資産の増加額
(iii)　使用権資産に係る減価償却の金額（対応する原資産を自ら所有していたと仮定した場合の表示科目ごと）

159

第 1 部　公開草案の徹底解説

以下で、図表 1 -24に示した項目に沿って、具体的な注記事項を説明する。

① 　会計方針に関する情報

重要な会計方針として注記する内容は、原則として、企業会計原則注解及び
企業会計基準第24号に照らして企業が判断する。

公開草案 適用指針第93項

「会計方針に関する情報」（公開草案会計基準第53項(1)①）については、リー
スに関して企業が行った会計処理につき理解できるよう、次の会計処理を
選択した場合、その旨及びその内容を注記する（公開草案適用指針第93項）。

(i)　リースを構成する部分とリースを構成しない部分とを分けずに、リー
　　スを構成する部分と関連するリースを構成しない部分とを合わせてリー
　　スを構成する部分として会計処理を行う選択（公開草案会計基準第27項）

(ii)　指数又はレートに応じて決まる借手の変動リース料に関する例外的な
　　取扱いの選択（公開草案適用指針第23項）

(iii)　借地権の設定に係る権利金等に関する会計処理の選択（公開草案適用指
　　針第24項及び第121項〜第123項）

　上記の会計方針を重要な会計方針として注記している場合、リースに関
する注記として繰り返す必要はなく、重要な会計方針の注記を参照するこ
とができる。

- 収益認識会計基準では、企業の主要な事業における主な履行義務の内容及び
企業が当該履行義務を充足する通常の時点（収益を認識する通常の時点）につ
いて、重要な会計方針として注記する必要がある（収益認識会計基準第80- 2
項、第163項）。

- リースに関する会計方針は、必ずしも重要な会計方針としての記載は強制さ
れない。これは、企業によりリースの利用度合いが違い、リースの重要性が
異なること、会計基準の選択肢の多くは重要性が乏しい場合を対象としてい
ること等がその理由である。

- 一方、企業による選択を注記することが、財務諸表利用者が企業の財政状態、
経営成績及びキャッシュ・フローを評価する上で有用な会計方針については、

160

第16章　開　示

「リースに関する注記」として注記することが有用なので、上記(i)～(ⅲ)の会計処理を選択した場合、「リースに関する注記」において、会計方針として注記することを求めている。

② **リース特有の取引に関する情報**

リースが企業の財政状態又は経営成績に与えている影響を理解するための情報を注記する。

《貸借対照表》

公開草案	適用指針第95項

貸借対照表において次の(i)から(ⅲ)に定める事項を区分して表示していない場合、それぞれについて、次の事項を注記する（公開草案適用指針第95項）。

(i)　使用権資産の帳簿価額について、対応する原資産を自ら所有していたと仮定した場合の表示科目ごとの金額。当該注記を行うにあたって、表示科目との関係が明らかである限りにおいて、より詳細な区分で使用権資産の帳簿価額の金額を注記することを妨げない。

(ⅱ)　公開草案適用指針第23項の定めを適用し指数又はレートに応じて決まる借手の変動リース料に関する例外的な取扱いにより会計処理を行ったリースに係るリース負債が含まれる科目及び金額

(ⅲ)　借地権について、公開草案適用指針第24項ただし書き又は同第121項の定めを適用する場合、償却していない旧借地権の設定に係る権利金等又は普通借地権の設定に係る権利金等が含まれる科目及び金額

- (i)について、対応する原資産を自ら所有すると仮定した場合の表示科目毎の使用権資産の帳簿価額の開示は、借手のリース活動の性質を理解する上で、また、資産をリースする企業と資産を購入する企業とを比べる上で有用な情報を提供する。

- (ⅱ)及び(ⅲ)について、企業が代替的な会計処理を選択した場合に必要な開示である。当該注記は、財務諸表利用者が企業の財務諸表の分析を行うことを可能とし、財務諸表利用者が、企業の財政状態、経営成績及びキャッシュ・フローを評価する上で有用である。

161

第1部　公開草案の徹底解説

《損益計算書》

> **公開草案** 適用指針第96項
>
> 　損益計算書において次の(i)及び(ii)に定める事項を区分して表示していない場合、それぞれについて、次の事項を注記する（公開草案適用指針第96項）。
>
> (i)　公開草案適用指針第18項を適用して会計処理を行った短期リースに係る費用の発生額が含まれる科目及び当該発生額。この費用には借手のリース期間が1か月以下のリースに係る費用を含めることを要しない。また、当該短期リースに係る費用の金額に少額リース（公開草案適用指針第20項）に係る費用の金額を合算した金額で注記することができる。この場合、その旨を注記する。
>
> (ii)　リース負債に含めていない借手の変動リース料に係る費用の発生額が含まれる科目及び当該発生額

- 公開草案適用指針第96項に掲げる短期リースに係る費用及びリース負債に含めていない借手の変動リース料に係る費用の開示は、資産及び負債が貸借対照表に計上されていないリース料に関する情報を提供すると考えられる。

- 短期リースは、借手のリース期間の判断で簡便的な取扱いの対象となるか否かが決まることから恣意性が介入する可能性がある。また、金額的に重要性のあるリース負債がオフバランスとなる可能性があるため、財務諸表利用者が財政状態及び経営成績を評価するにあたり有用な情報を提供する。このため、短期リースに係る費用の開示を求めている。

- 少額リースは、簡便的な取扱いの対象となるか否かにつき、短期リースのような判断は不要であり、また、金額的な重要性が乏しい少額リースを対象としていることから、少額リースに係る費用の開示は求めない。

- 企業が短期リースに係る費用及び少額リースに係る費用を区分して集計していない場合、これらを区分して集計せず合計額を開示している旨を明らかにすることを条件に、両者の金額を合算した金額で注記することもできる。これは、実務上の負担を軽減することができ、また、情報を開示しない場合に比べ有用な情報を提供できると考えられるからである。

第16章　開　示

《セール・アンド・リースバック取引》

> **公開草案**　適用指針第97項(1)
>
> 　セール・アンド・リースバック取引について、次の事項を注記する（公開草案適用指針第97項(1)）。
>
> （i）　セール・アンド・リースバック取引から生じた売却損益を損益計算書において区分して表示していない場合、当該売却損益が含まれる科目及び金額
>
> （ii）　公開草案適用指針第51項(2)を適用して会計処理を行ったセール・アンド・リースバック取引について、当該セール・アンド・リースバック取引の主要な条件

● 公開草案適用指針第97項(1)に掲げる、セール・アンド・リースバック取引から生じた売却損益、及び同51項(2)を適用して会計処理したセール・アンド・リースバック取引の主要な条件の開示は、セール・アンド・リースバック取引が有する独特の特徴及び当該取引が借手の経営成績に与えている影響をより適切に理解する上で有用である。

《サブリース取引》

> **公開草案**　適用指針第97項(2)
>
> 　サブリース取引について、次の事項を注記する（公開草案適用指針第97項(2)）。
>
> （i）　使用権資産のサブリースによる収益を損益計算書において区分して表示していない場合、当該収益が含まれる科目及び金額
>
> （ii）　公開草案適用指針第88項の定めを適用し中間的な貸手がヘッドリースに対してリスクを負わない場合のサブリース取引について計上した損益を損益計算書において区分して表示していない場合、当該損益が含まれる科目及び金額
>
> （iii）　公開草案適用指針第89項なお書きの定めを適用し転リース取引に係るリース債権又はリース投資資産とリース負債を利息相当額控除前の金額

163

第1部　公開草案の徹底解説

で計上する場合に、当該リース債権又はリース投資資産及びリース負債
を貸借対照表において区分して表示していないとき、当該リース債権又
はリース投資資産及びリース負債が含まれる科目並びに金額

- (i)について、公開草案適用指針第97項(2)に掲げる使用権資産のサブリースに
よる収益の開示は、リースに係る費用に関する開示とともに、企業のリース
活動の全体的な損益計算書への影響を表し、有用である。
- (ii)及び(iii)の開示は、企業が代替的な会計処理を選択した場合に求める開示で
あり、当該注記は、財務諸表利用者が企業の財務諸表の分析を行うことを可
能とし、財務諸表利用者が、企業の財政状態、経営成績及びキャッシュ・フ
ローを評価する上で有用である。

③　当期及び翌期以降のリースの金額を理解するための情報

公開草案　適用指針第98項

「当期及び翌期以降のリースの金額を理解するための情報」（公開草案会計
基準第53項(1)③）については、当期及び翌期以降のリースの金額を理解で
きるよう、次の事項を注記する（公開草案適用指針第98項）。

(i)　リースに係るキャッシュ・アウトフローの合計額

リースに係るキャッシュ・アウトフローの合計額には少額リースに係
るキャッシュ・アウトフローは含まない。ただし、短期リース及び少額
リースに係る費用の金額を合算して注記している場合（公開草案適用指針
第96項(1)また書き）、当該合計額に少額リースに係るキャッシュ・アウト
フローの金額を含め、その旨を注記する。

(ii)　使用権資産の増加額

(iii)　対応する原資産を自ら所有していたと仮定した場合に貸借対照表にお
いて表示するであろう科目ごとの使用権資産に係る減価償却の金額（当
該事項を注記するにあたって、貸借対照表において表示するであろう科目との
関係が明らかである限りにおいて、より詳細な区分により使用権資産に係る減
価償却の金額の注記を行うことを妨げない）

- (i)について、リース負債からのキャッシュ・アウトフローとリース負債に計上されていないリースに係るキャッシュ・アウトフローの合計額の注記であり、財務諸表利用者にリースのキャッシュ・フローに関する有用な情報を提供する。当該注記は、財務諸表利用者が、当期及び翌期以降のリースの金額を予測するために有用である。

- (i)の注記は、会計期間中に損益計算書に計上したリースに係る費用及び会計期間中のリース負債の減少額をリースに関するキャッシュ・アウトフローに関連付けて翌期以降の当該金額の予測に役立てることを目的としている。ここで、リースに係るキャッシュ・アウトフローの合計額の注記は、企業が少額リースに係る費用を開示する場合は、少額リースに係るキャッシュ・アウトフローを注記に含め、開示しない場合は、当該額を注記に含めない。この結果、キャッシュ・アウトフローの合計額の注記は、リース料の開示と整合する。

- (ii)の注記は、使用権資産及び所有資産に対する設備投資に関する比較可能情報を提供し、当期及び翌期以降のリースによる設備投資の金額を理解するために有用な情報を提供すると考えられる。

- (iii)の注記は、借手のリース活動の性質を理解する上で、また、資産をリースする企業と資産を購入する企業とを比べる上で有用な情報を提供すると考えられる。

(3) 貸手の注記

公開草案会計基準第52項の開示目的を達成するため、リースに関する注記として、次の事項を注記する（公開草案会計基準第53項）。

① リース特有の取引に関する情報

② 当期及び翌期以降のリースの金額を理解するための情報

貸手の会計処理は、収益認識会計基準との整合性を図る点並びにリースの定義及びリースの識別を除き、従来の基準の定めを踏襲している。一方、貸手の注記事項は、IFRS16と整合的なものとしている。

従来の基準の定めでなくIFRS16と整合的なものとしたのは主として次の理由

第1部　公開草案の徹底解説

による。

- リースの収益に関連する注記事項は、リースが財務諸表に重要な影響を与える企業（リース業等）では重要な情報であること
- IFRS16で求められている注記事項についても、企業会計基準第13号に同様の定めがあること
- リース料の支払が通常分割して行われ、将来のリースのキャッシュ・フローの予測と流動性の見積りをより正確に行うことに資するという点で有用な情報を提供すること

　なお、リースに関する注記を記載するにあたり、①②の注記事項の区分に従い注記事項を記載する必要はない。また、リースに関する注記を独立の注記事項とする。ただし、他の注記事項に既に記載している情報は、繰り返す必要はなく、当該他の注記事項を参照できる（公開草案会計基準第54項、第55項）。

　貸手の注記事項のまとめを図表1-25に示した。

図表1-25　貸手の注記事項（まとめ）

ファイナンス・リースの貸手の注記

1．リース特有の取引に関する情報
(i)　リース投資資産の構成要素（将来のリース料を収受する権利（「リース料債権」）部分及び見積残存価額部分の金額並びに受取利息相当額）(*1)
(ii)　リース債権の構成要素（リース料債権部分の金額及び受取利息相当額）(*1)
(iii)　リース債権及びリース投資資産に含まれない将来の業績等により変動する使用料等に係る収益

2．当期及び翌期以降のリースの金額を理解するための情報
(i)　リース債権の残高の重要な変動(*2)
(ii)　リース投資資産の残高の重要な変動(*2)
(iii)　リース債権に係るリース料債権部分について貸借対照表日後5年以内における1年ごとの回収予定額及び5年超の回収予定額(*3)
(iv)　リース投資資産に係るリース料債権部分について貸借対照表日後5年以内における1年ごとの回収予定額及び5年超の回収予定額(*3)

(*1・2・3) リース債権の期末残高が、当該期末残高及びリース投資資産の期末残高の合計額に占める割合に重要性が乏しい場合、それぞれを合算して注記することができる。

166

第16章　開　示

オペレーティング・リースの貸手の注記

１．リース特有の取引に関する情報
（i）　オペレーティング・リースに係る貸手のリース料に含まれない、将来の業績等により変動する使用料等に係る収益
２．当期及び翌期以降のリースの金額を理解するための情報
（i）　オペレーティング・リースに係る貸手のリース料について、貸借対照表日後５年以内における１年ごとの回収予定額及び５年超の回収予定額

以下で、図表１-25に示した項目に沿って、具体的な注記事項を説明する。

《ファイナンス・リースの貸手の注記》

① リース特有の取引に関する情報

「リース特有の取引に関する情報」（公開草案会計基準第53項(2)①）については、リースが企業の財政状態又は経営成績に与える影響を理解できるよう、（i）及び（ii）の内容を注記する（公開草案適用指針第99項）。

公開草案　適用指針第100項・第101項

（i）　リース債権及びリース投資資産に関して、貸借対照表において次の(a)及び(b)に定める事項を区分して表示していない場合、当該(a)及び(b)に定める事項を注記する（公開草案適用指針第100項）。

（a）　リース投資資産について、将来のリース料を収受する権利（リース料債権）部分及び見積残存価額部分の金額並びに受取利息相当額。なお、リース料債権及び見積残存価額は、利息相当額控除前の金額とする。

（b）　リース債権について、リース料債権部分の金額及び受取利息相当額。なお、リース料債権は、利息相当額控除前の金額とする。

ただし、リース債権の期末残高が、当該期末残高及びリース投資資産の期末残高の合計額に占める割合に重要性が乏しい場合、(a)と(b)を合算して注記することができる。

（ii）　リース債権及びリース投資資産に含まれない将来の業績等により変動する使用料に係る収益を損益計算書において区分して表示していない場合、当該収益が含まれる科目及び金額を注記する（公開草案適用指針第101項）。

167

第1部　公開草案の徹底解説

- (i)について、財務諸表利用者がリース債権及びリース投資資産の構成要素を理解するために有用な情報を提供するため、注記を求めた。従来の基準では、リース債権の構成要素に係る開示を求めていないが、リース投資資産とは性質の異なるリース債権について、リース料債権部分と受取利息相当額を区分した情報が財務諸表利用者にとって有用なので、リース債権についても構成要素の開示を求めることとした。

- (ii)について、リース債権及びリース投資資産に計上していないリース料に関して、会計期間中に認識したリース収益を構成要素に分解し開示することで、会計期間中に認識した収益の内訳を財務諸表利用者が理解できる有用な情報を提供すると考えられるため、求めることとした。

② **当期及び翌期以降のリースの金額を理解するための情報**

公開草案	適用指針第102項

　「当期及び翌期以降のリースの金額を理解するための情報」（公開草案会計基準第53項(2)②）については、当期及び翌期以降のリースの金額を理解できるよう次の事項を注記する（公開草案適用指針第102項）。

(i)　リース債権の残高に重要な変動がある場合のその内容

(ii)　リース投資資産の残高に重要な変動がある場合のその内容

(iii)　リース債権に係るリース料債権部分について、貸借対照表日後5年以内における1年ごとの回収予定額及び5年超の回収予定額。なお、リース料債権は、利息相当額控除前の金額とする。

(iv)　リース投資資産に係るリース料債権部分について、貸借対照表日後5年以内における1年ごとの回収予定額及び5年超の回収予定額。なお、リース料債権は、利息相当額控除前の金額とする。

　ただし、リース債権の期末残高が、当該期末残高及びリース投資資産の期末残高の合計額に占める割合に重要性が乏しい場合、(i)及び(ii)並びに(iii)及び(iv)のそれぞれを合算して注記することができる。

168

第16章　開　示

公開草案　適用指針第103項

　公開草案適用指針第102項におけるリース債権及びリース投資資産の残高の変動の例として、次のものが挙げられる（公開草案適用指針第103項）。

(a)　企業結合による変動

(b)　リース投資資産における見積残存価額の変動

(c)　リース投資資産における貸手のリース期間の終了による見積残存価額の減少（見積残存価額の貯蔵品又は固定資産等への振替）（公開草案適用指針第72項）

(d)　残価保証額の変動

(e)　中途解約による減少

(f)　新規契約における増加

　なお、当期中のリース債権及びリース投資資産の残高の重要な変動を注記するにあたり、必ずしも定量的情報を含める必要はない。

　リース債権及びリース投資資産の残高の重要な変動が一つの要因で発生している場合、金額的な影響額を開示しなくても、当該要因が重要な変動の主要因であることを開示することで、財務諸表利用者に有用な情報が開示される場合もあるため、当該注記には必ずしも定量的情報を含める必要はないこととした。

● 収益認識会計基準では契約資産及び契約負債の残高並びにそれらに重要な変動がある場合にその内容の注記を要する。(i)及び(ii)の注記は、これと同様に、財務諸表利用者がリース債権及びリース投資資産の重要な変動を理解できる有用情報を提供する。

● (iii)及び(iv)のリース料債権部分及びリース料の回収予定額を一定の期間に区分した開示は、財務諸表利用者が将来のリースのキャッシュ・フローの予測と流動性の見積りを正確に行うために有用な情報を提供する。

169

第1部　公開草案の徹底解説

《オペレーティング・リースの貸手の注記》

① リース特有の取引に関する情報

> **公開草案** 適用指針第104項
>
> 　「リースの特有の取引に関する情報」（公開草案会計基準第53項(2)①）については、リースが企業の経営成績に与える影響を理解できるよう、オペレーティング・リースに係る貸手のリース料に含まれない将来の業績等により変動する使用料等に係る収益を損益計算書において区分して表示していない場合、当該収益が含まれる科目及び金額を注記する（公開草案適用指針第104項）。

- 公開草案適用指針第104項に掲げる、将来の業績等により変動する使用料等に係る収益の開示は、オペレーティング・リースにおいて定額法で計上する対象とならないリース料に関して、会計期間中に認識されたリース収益について構成要素に分解して開示することで、会計期間中に認識した収益の内訳を財務諸表利用者が理解できる有用な情報を提供する。

② 当期及び翌期以降のリースの金額を理解するための情報

> **公開草案** 適用指針第105項
>
> 　「当期及び翌期以降のリースの金額を理解するための情報」（公開草案会計基準第53項(2)②）については、当期及び翌期以降のリースの金額を理解できるよう、オペレーティング・リースに係る貸手のリース料について、貸借対照表日後5年以内における1年ごとの回収予定額及び5年超の回収予定額を注記する（公開草案適用指針第105項）。

- 公開草案適用指針第105項に掲げる、リース料債権部分及びリース料の回収予定額を一定の期間に区分した開示は、財務諸表利用者が将来のリースのキャッシュ・フローの予測と流動性の見積りを正確に行うための有用な情報を提供する。

170

第16章　開　示

3　連結財務諸表を作成している場合の個別財務諸表における表示及び注記事項

(1)　注記の省略

公開草案　適用指針第106項

　　連結財務諸表を作成している場合、個別財務諸表においては、公開草案会計基準第53項及び公開草案適用指針第90項から第105項の定めに関わらず、公開草案会計基準第53項に掲げる事項のうち、(1)②及び(2)①の「リース特有の取引に関する情報」並びに(1)③及び(2)②の「当期及び翌期以降のリースの金額を理解するための情報」について注記しないことができる（公開草案適用指針第106項）。

- 基準開発にあたり、注記事項については、会計基準ごとに、個別財務諸表において連結財務諸表の内容をどの程度取り入れるかを定めている。
- 金融商品取引法に基づき作成される個別財務諸表は、「国際会計基準（IFRS）への対応のあり方に関する当面の方針（2013年6月20日に企業会計審議会公表）」の内容を踏まえ簡素化が図られてきている。

(2)　連結財務諸表記載の参照

　　連結財務諸表を作成している場合、個別財務諸表においては、公開草案会計基準第53項(1)①の「会計方針に関する情報」を記載するにあたり、連結財務諸表における記載を参照することができる（公開草案適用指針第107項）。

4　開示に関する実務上の留意事項

　　開示に関する実務上の留意事項は以下の通りである。

- ✓ リースはさまざまな要素を含む場合があり、「リースの借手又は貸手の財政状態、経営成績及びキャッシュ・フローに与える影響を財務諸表利用者が評価するための基礎を与える情報を開示する」との開示目的を達成すべく、標準的な開示要求に加えて、開示目的に照らした追加の情報の追記を求めている。

171

第1部　公開草案の徹底解説

　質的にも量的にもボリュームがある開示を可能とするため、連結ベースでの必要な開示項目の把握とタイムリーな情報収集及び分類集計を可能にする体制や仕組みの構築が必要になる。

　例えば、使用権資産の減価償却や、リースに係るキャッシュ・アウト・フローの合計額など注記情報をタイムリーかつ正確に収集できる仕組みを検討する必要がある。

第17章 適用時期及び経過措置

1 適用時期

　公開草案の適用時期については、以下の定めの通り、会計基準の公表から原則的な適用時期までの期間を 2 年程度とし早期適用を認めることとした。

> **公開草案**　会計基準第56項
>
> 　本会計基準は、20XX年 4 月 1 日［公表から 2 年程度経過した日を想定している。］以後開始する連結会計年度及び事業年度の期首から適用する。ただし、20XX年 4 月 1 日［公表後最初に到来する年の 4 月 1 日を想定している。］以後開始する連結会計年度及び事業年度の期首から本会計基準を適用することができる（公開草案会計基準第56項）。

　ここで、会計基準公表から適用まで 2 年程度の猶予を設けたのは、リースの識別を始め従来とは異なる実務を求められるなど、会計基準等の適用に向けての実務上の負担、経過措置への対応等を考慮したことによる。

　一方、実務対応に備えた準備に要する時間を考えると、 2 年はやや短いとも考えられる。

　これに伴い、従来の基準等（企業会計基準第13号「リース取引に関する会計基準」企業会計基準適用指針第16号「リース取引に関する会計基準の適用指針」等）の適用は終了する。

　図表 1 -26に適用時期のイメージを示した（当図表イメージは、現時点で考えられる一例であり、今後の状況次第ではこの通りにならない可能性もある）。

図表 1 -26　適用時期のイメージ

第1部　公開草案の徹底解説

2　経過措置

(1)　企業会計基準第13号（従来の基準）を適用した際の経過措置

　企業会計基準第13号を定めた際の経過措置の取扱いにつき、公開草案に定める新たな会計基準等でもこれらを継続する場合、借手のすべてのリースにつき資産及び負債を計上するという会計基準の主たる目的が一部のリースにつき達成されない。

　しかし、これらの経過措置は、企業会計基準第13号を定めたときの「簡便的な取扱い」であり、また、リースの会計処理に係るコストが増加することも考慮して、当該経過措置を、公開草案に定める新たな会計基準等においても認めることとした。

　公開草案における具体的な定めは以下の通りである。

《借手》リース取引開始日が企業会計基準第13号（従来の基準）の適用初年度開始前である所有権移転外ファイナンス・リース取引の取扱い

公開草案	適用指針第109項

　リース取引開始日が企業会計基準第13号「リース取引に関する会計基準」の適用初年度開始前の所有権移転外ファイナンス・リース取引について、企業会計基準第13号の定めにより、企業会計基準第13号の適用初年度の前年度末における未経過リース料残高又は未経過リース料期末残高相当額（利息相当額控除後）を取得価額とし、企業会計基準第13号の適用初年度の期首に取得したものとしてリース資産に計上する会計処理を行っている場合、会計基準適用後も、当該会計処理を継続することができる。この場合、企業会計基準第13号適用後の残存期間における利息相当額については、公開草案適用指針第36項の定めによらず、利息相当額の総額をリース期間中の各期に定額で配分する（公開草案適用指針第109項）。

公開草案	適用指針第110項

　さらに、リース取引開始日が企業会計基準第13号の適用初年度開始前の

第17章　適用時期及び経過措置

リース取引で、企業会計基準第13号に基づき所有権移転外ファイナンス・リース取引と判定されたものについて、企業会計基準第13号の定めにより、引き続き通常の賃貸借取引に係る方法に準じた会計処理を行っている場合、会計基準適用後も、当該会計処理を継続することができる。この場合、リース取引開始日が企業会計基準第13号の適用初年度開始前のリース取引について、引き続き通常の賃貸借取引に係る方法に準じた会計処理を適用している旨及び1993年6月に公表された「リース取引に係る会計基準」で必要とされていた事項を注記する（公開草案適用指針第110項）。

《貸手》リース取引開始日が企業会計基準第13号（従来の基準）の適用初年度開始前である所有権移転外ファイナンス・リース取引の取扱い

公開草案	適用指針第111項

リース取引開始日が企業会計基準第13号の適用初年度開始前の所有権移転外ファイナンス・リース取引について、企業会計基準第13号の定めにより、企業会計基準第13号の適用初年度の前年度末における固定資産の適正な帳簿価額（減価償却累計額控除後）をリース投資資産の企業会計基準第13号の適用初年度の期首の価額として計上する会計処理を行っている場合、会計基準適用後も、当該会計処理を継続することができる。この場合、当該リース投資資産に関して、企業会計基準第13号適用後の残存期間においては、公開草案適用指針第69項の定めによらず、利息相当額の総額をリース期間中の各期に定額で配分する（公開草案適用指針第111項）。

公開草案	適用指針第112項

さらに、リース取引開始日が企業会計基準第13号の適用初年度開始前のリース取引で、企業会計基準第13号に基づき所有権移転外ファイナンス・リース取引と判定されたものについて、企業会計基準第13号の定めにより、引き続き通常の賃貸借取引に係る方法に準じた会計処理を行っている場合、会計基準適用後も、当該会計処理を継続することができる。この場合、リー

175

第1部　公開草案の徹底解説

ス取引開始日が企業会計基準第13号の適用初年度開始前のリース取引につ
いて、引き続き通常の賃貸借取引に係る方法に準じた会計処理を適用して
いる旨及び1993年リース取引会計基準で必要とされていた事項を注記する
（公開草案適用指針第112項）。

公開草案 適用指針第113項

　リース取引を主たる事業としている企業は、前項の定めを適用すること
ができない。また、リース取引を主たる事業としている企業においては、
公開草案適用指針第111項を適用した場合に重要性が乏しいときを除き、企
業会計基準第13号の適用初年度の企業会計基準第13号適用後の残存期間の
各期において、リース取引開始日が企業会計基準第13号適用初年度開始前
のリース取引についても、企業会計基準第13号及び企業会計基準適用指針
第16号「リース取引に関する会計基準の適用指針」に定める方法により会
計処理した場合の税引前当期純損益と公開草案適用指針第111項を適用し
た場合の税引前当期純損益との差額を注記する（公開草案適用指針第113項）。

---

(2) 会計基準を適用する際の経過措置

　新たな会計基準の適用にあたり、会計方針の変更として扱い遡及適用するこ
とが原則である。ただし、適用初年度の実務負担を軽減するために、過年度の
影響額は期首利益剰余金で処理できるとされている。具体的に公開草案では会
計基準適用に伴う経過措置につき以下のように定めている。

公開草案 適用指針第114項

　会計基準の適用初年度においては、会計基準等の改正に伴う会計方針の
変更として取り扱い、原則として、新たな会計方針を過去の期間のすべて
に遡及適用する。ただし、適用初年度の期首より前に新たな会計方針を遡
及適用した場合の適用初年度の累積的影響額を適用初年度の期首の利益剰
余金に加減し、当該期首残高から新たな会計方針を適用することができる

（公開草案適用指針第114項）。

　IFRS16では、適用初年度の実務負担を軽減するために経過措置が多く設けられており、公開草案でもIFRS16の経過措置を多く取り入れている。この際、企業会計基準第13号の会計処理からの移行であることを考慮し、IFRS16の経過措置の一部について修正を行っている。

　公開草案の適用にあたっては、過去の期間のすべてに遡及適用する方法が原則であるが、公開草案適用指針第114項ただし書きにおいて、過去の期間における累積的影響額を適用初年度の期首の利益剰余金に加減する方法が認められている。

図表１-27　公開草案適用指針第114項ただし書きの容認法

　公開草案適用指針第114項ただし書きの「容認法」を選択した場合には、様々な経過措置（簡便的な方法）を採用することができる（図表１-28に主な経過措置を示した）。

第1部　公開草案の徹底解説

図表1-28　公開草案適用指針第114項ただし書きを選択した企業に認められる
　　　　　主な経過措置

リースの識別 (公開草案適用 指針第115項)	従来の基準を適用していた リース	公開草案新リース会計基準におけるリース の識別を判断せずに、公開草案新リース会 計基準を適用する	
	従来の基準を適用していな かった契約	適用初年度の期首時点における事実・状況 に基づいて公開草案新リース会計基準に おけるリースの識別を判断する	
借手 (公開草案適用 指針第116項 ～第118項)	ファイナンス・リースに分 類していたリースに関する 適用初年度期首の帳簿価額	前年度の期末日におけるリース資産及び リース債務の帳簿価額のそれぞれを適用初 年度の期首における使用権資産及びリース 負債の帳簿価額とする	
	オペレーティング・リース に分類していたリースと公 開草案新リース会計基準の 適用により新たに識別され たリースに関する適用初年 度期首の帳簿価額	使用権資産：リース 1件ごとに次のいず れかによる ①リース開始日から 　公開草案新リース 　会計基準を適用し 　ていたかのような 　帳簿価額 ②右のリース負債と 　同額	リース負債：適用初 年度期首時点におけ る残りのリース料と 借手の追加借入利子 率に基づく割引現在 価値とする
貸手 (公開草案適用 指針第125項 ～第126項)	ファイナンス・リースに分 類していたリースに関する 適用初年度期首の帳簿価額	前年度の期末日におけるリース債権及び リース投資資産の帳簿価額のそれぞれを適 用初年度の期首におけるリース債権及び リース投資資産の帳簿価額とする。ただ し、貸手における販売益を割賦基準により 処理している場合、適用初年度の前年度の 期末日の繰延販売利益の帳簿価額は適用 初年度の期首の利益剰余金に加算する。販 売益を利息相当額に含めて処理している 場合にも同様とする	
	オペレーティング・リース に分類していたリースと公 開草案新リース会計基準の 適用により新たに識別され たリースに関する公開草案 新リース会計基準の適用方 法	適用初年度の期首に締結された新たなリー スとして、公開草案新リース会計基準を適 用する	

第17章　適用時期及び経過措置

以下、借手及び貸手における①から⑨までの項目ごとに経過措置を確認する。

① リースの識別

公開草案のなかで、リースの識別の定め（公開草案会計基準第23項及び第24項他）は従来の基準ではなかった定めである。

新たな会計基準の適用に伴い、従来の基準では、リースとして会計処理されていなかった契約にリースが含まれていると判断される場合がある。仮に、リースの識別の定めに基づき、契約がリースを含むか否かの判断につき経過措置を定めないと、新たな会計方針を過去の期間のすべてに遡及適用することになり相当のコストが生じる。このため、公開草案では、以下の通り、経過措置を設けている。

公開草案　適用指針第115項

前項（公開草案適用指針第114項）ただし書きの方法を選択する場合、すなわち、新たな会計方針の遡及適用にあたり適用初年度の累積的影響額を期首利益剰余金に加減する方法を選択する場合、次の(i)及び(ii)の方法のいずれか又は両方を適用することができる（公開草案適用指針第115項）。

(i) 適用初年度の前連結会計年度及び前事業年度の期末日において企業会計基準第13号を適用しているリース取引に、公開草案会計基準第23項及び第24項並びに公開草案適用指針第5項から第8項を適用して契約にリースが含まれているか否かを判断することを行わずに会計基準を適用すること

(ii) 適用初年度の期首時点で存在する企業会計基準第13号を適用していない契約について、当該時点で存在する事実及び状況に基づいて公開草案会計基準第23項及び第24項並びに公開草案適用指針第5項から第8項を適用して契約にリースが含まれているかどうかを判断すること

リースの識別に関する経過措置に関して、IFRS16では、実務上の便法として、契約がリースを含むか否かを見直さないことを選択できる経過措置がおかれている。

この点について、IFRSでは、従前の基準書とIFRS16との適用結果の差異は

179

第1部　公開草案の徹底解説

限定的であった。

　一方、日本の会計基準においては、新たな会計基準によるリースの識別の定めを適用することで、従来の基準により会計処理されていなかった契約にリースが含まれる場合がある。このような日本の会計基準とIFRSとの背景の違いを考慮した結果、公開草案におけるリースの識別に関する経過措置について、IFRS16とは異なる経過措置を取り入れている。

《借手》

②　ファイナンス・リース取引に分類していたリース

　従来の基準によりファイナンス・リース取引に分類していた借手のリース資産及びリース債務の帳簿価額や、残価保証額等に係る経過措置につき、公開草案では以下の定めをおいている。

公開草案　適用指針第116項

　公開草案適用指針第114項ただし書きの方法を選択する借手は、企業会計基準第13号においてファイナンス・リース取引に分類していたリースについて、適用初年度の前連結会計年度及び前事業年度の期末日におけるリース資産及びリース債務の帳簿価額のそれぞれを適用初年度の期首における使用権資産及びリース負債の帳簿価額とすることができる。このとき、適用初年度の前連結会計年度及び前事業年度の期末日におけるリース資産及びリース債務の帳簿価額に残価保証額が含まれる場合、当該金額は、適用初年度の期首時点における残価保証に係る借手による支払見込額に修正する。これらのリースについては、適用初年度の期首から会計基準を適用して使用権資産及びリース負債について会計処理を行う（公開草案適用指針第116項）。

---

③　オペレーティング・リース取引に分類していたリース等

　従来の基準によりオペレーティング・リース取引に分類していたリース及び会計基準の適用により新たに識別されたリース等に係る経過措置につき、公開草案では以下の定めをおいている。

180

第17章　適用時期及び経過措置

> **公開草案** 適用指針第117項
>
> 　公開草案適用指針第114項ただし書きの方法を選択する借手は、企業会計
> 基準第13号においてオペレーティング・リース取引に分類していたリース
> 及び会計基準の適用により新たに識別されたリースについて、次の通り会
> 計処理を行うことができる（公開草案適用指針第117項）。
> (ⅰ)　適用初年度の期首時点における残りの借手のリース料を適用初年度の
> 　　期首時点の借手の追加借入利子率を用いて割り引いた現在価値により
> 　　リース負債を計上する。
> (ⅱ)　リース1件ごとに次のいずれかで算定するかを選択して使用権資産を
> 　　計上する。
> 　　(①)　リース開始日から公開草案会計基準第35項又は第36項を適用してい
> 　　　　たかのような帳簿価額。ただし、適用初年度の期首時点の借手の追加
> 　　　　借入利子率を用いて割り引く。
> 　　(②)　(ⅰ)で算定されたリース負債と同額。ただし、適用初年度の前連結
> 　　　　会計年度及び前事業年度の期末日に貸借対照表に計上された前払又は
> 　　　　未払リース料の金額の分だけ修正する。
> (ⅲ)　適用初年度の期首時点の使用権資産に「固定資産の減損に係る会計基
> 　　準」（平成14年8月企業会計審議会）を適用する。
> (ⅳ)　公開草案適用指針第20項を適用して使用権資産及びリース負債を計上
> 　　しないリースについては修正しない。

> **公開草案** 適用指針第118項
>
> 　前項（公開草案適用指針第117項）の方法を選択する借手は、前項を適用す
> るにあたって次の(ⅰ)から(ⅳ)の方法の1つ又は複数を適用することができ
> る。これらの方法はリース1件ごとに適用できる（公開草案適用指針第118
> 項）。
> (ⅰ)　特性が合理的に類似した複数のリースに単一の割引率を適用すること
> (ⅱ)　適用初年度の期首から12か月以内に借手のリース期間が終了するリー

181

第1部　公開草案の徹底解説

スについて、前項の(i)及び(ii)を適用せずに、公開草案適用指針第18項の
方法で会計処理を行うこと

(iii)　付随費用を適用初年度の期首における使用権資産の計上額から除外す
ること

(iv)　契約にリースを延長又は解約するオプションが含まれている場合に、
借手のリース期間や借手のリース料を決定するにあたってリース開始日
より後に入手した情報を使用すること

　また、公開草案適用指針第114項ただし書きの方法を選択する借手について、
企業会計基準第24号との関係を踏まえ、以下の定めをおいている。

> **公開草案**　適用指針第119項
>
> 　公開草案適用指針第114項ただし書きの方法を選択する借手は、企業会計
> 基準第24号「会計方針の開示、会計上の変更及び誤謬の訂正に関する会計
> 基準」の第10項(5)の注記に代えて次の事項を注記する（公開草案適用指針第
> 119項）。
>
> (i)　適用初年度の期首の貸借対照表に計上されているリース負債に適用し
> ている借手の追加借入利子率の加重平均
>
> (ii)　次の両者の差額の説明
>
> ①　適用初年度の前連結会計年度及び前事業年度の期末日において企業
> 会計基準第13号を適用して開示したオペレーティング・リースの未経
> 過リース料（(i)の追加借入利子率で割引後）
>
> ②　適用初年度の期首の貸借対照表に計上したリース負債

④　セール・アンド・リースバック取引

　適用初年度の期首より前に締結されたセール・アンド・リースバック取引に
係る経過措置につき、公開草案では以下の定めをおいている。

> **公開草案**　適用指針第120項
>
> 　売手である借手は、適用初年度の期首より前に締結されたセール・アン

182

ド・リースバック取引を次の通り取り扱う（公開草案適用指針第120項）。

(ⅰ) 売手である借手による資産の譲渡について、収益認識会計基準などの他の会計基準等に基づき売却に該当するかどうかの判断を見直すことは行わない。

(ⅱ) リースバックを適用初年度の期首に存在する他のリースと同様に会計処理を行う。

(ⅲ) 企業会計基準第13号におけるセール・アンド・リースバック取引の定めにより、リースの対象となる資産の売却に伴う損益を長期前払費用又は長期前受収益等として繰延処理し、リース資産の減価償却費の割合に応じ減価償却費に加減して損益に計上する取扱いを適用している場合、会計基準の適用後も当該取扱いを継続し、使用権資産の減価償却費の割合に応じ減価償却費に加減して損益に計上する。

⑤ 借地権の設定に係る権利金等

借地権の設定に係る権利金等に関しては次のような経緯や特徴がある。

● 借手の権利が強く保護される旧借地権又は普通借地権の設定対価は、減価しない土地の一部取得に準ずるとの見方がある

● 従来の基準では、借地権の設定に係る権利金等についての会計処理は明らかではなかった。

このため、これらに係る権利金等につき、使用権資産の取得価額に含め減価償却を行う原則的な会計処理を一律に求めると、当該権利金等の支払に関する契約の締結時の企業の意図が会計処理に適切に反映されなくなる。

また、当該権利金等につき基準適用後に減価償却を行わない例外的な会計処理を認めていることから、基準適用後に新たに支払う普通借地権の設定に係る権利金等についてのみ減価償却を行うとしても、財務報告の改善を図る一定の効果がある。

これらを勘案し、公開草案では、これらの経過措置として以下の定めをおいている。

第1部　公開草案の徹底解説

公開草案 適用指針第121項

　公開草案適用指針第24項第1段落に定める原則的な取扱いを適用する借手が会計基準の適用初年度の期首に計上されている旧借地権の設定に係る権利金等又は普通借地権の設定に係る権利金等を償却していなかった場合、当該権利金等を使用権資産の取得価額に含めた上で、当該権利金等のみ償却しないことができる。（公開草案適用指針第121項）。

公開草案 適用指針第122項

　借手が次の(i)又は(ii)のいずれかの場合に公開草案適用指針第114項ただし書きの方法を選択するとき、会計基準の適用初年度の前連結会計年度及び前事業年度の期末日における借地権の設定に係る権利金等の帳簿価額を適用初年度の期首における使用権資産の帳簿価額とすることができる（公開草案適用指針第122項）。

(i)　会計基準の適用前に定期借地権の設定に係る権利金等を償却していた場合

(ii)　旧借地権の設定に係る権利金等又は普通借地権の設定に係る権利金等について公開草案適用指針第24項第1段落の原則的な取扱いを適用する借手が会計基準の適用前に当該権利金等を償却していた場合

　この場合、借手は当該帳簿価額を会計基準の適用初年度の期首から借手のリース期間の終了までの期間で償却する。このとき、借手のリース期間の決定にあたりリース開始日より後に入手した情報を使用することができる。

　次に、旧借地権の設定に係る権利金等又は普通借地権の設定に係る権利金等につき、償却しない会計処理を選択していたケースの取扱いである。このケースで、使用権資産の取得価額に含めて減価償却を行う原則的な会計処理を選択し、公開草案適用指針第114項ただし書きの方法を適用すると、当該権利金等の適用初年度の期首残高をリース開始日から適用されていた前提の帳簿価額により算定することになる。旧借地権又は普通借地権が設定されている土地の賃貸借契約では、事後的にリース開始日を確認することが実務上困難な場合がある

184

第17章　適用時期及び経過措置

ため、公開草案では、次の定めをおいている。

> **公開草案**　適用指針第123項
>
> 　公開草案適用指針第24項第1段落の原則的な取扱いを適用する借手が、会計基準の適用前に旧借地権の設定に係る権利金等又は普通借地権の設定に係る権利金等について償却していなかった場合に公開草案適用指針第114項ただし書きの方法を選択するときには、会計基準の適用初年度における使用権資産の期首残高に含まれる当該権利金等については、当該権利金等を計上した日から借手のリース期間の終了までの期間で償却するものとして、当該権利金等を計上した日から償却した帳簿価額で算定することができる。このとき、借手のリース期間の決定にあたりリース開始日より後に入手した情報を使用することができる。
>
> 　ただし、当該帳簿価額が前連結会計年度及び前事業年度の期末日における当該権利金等の帳簿価額を上回る場合には、当該適用初年度の前連結会計年度及び前事業年度の期末日における当該権利金等の帳簿価額をもって、当該適用初年度の期首における当該権利金等の帳簿価額とする（公開草案適用指針第123項）。

⑥　建設協力金等の差入預託保証金

　公開草案では、将来返還される建設協力金等の差入預託保証金（敷金を除く）及び差入預託保証金（建設協力金等及び敷金）のうち将来返還されない額につき、以下の定めをおき、新会計基準の適用前に採用していた会計処理を継続できることとした。

> **公開草案**　適用指針第124項
>
> 　公開草案適用指針第114項のただし書きの方法を選択する借手は、公開草案適用指針第26項、第29項及び第31項の定めに関わらず、次の(ⅰ)及び(ⅱ)について、会計基準の適用前に採用していた会計処理を継続することができる（公開草案適用指針第124項）。
>
> (ⅰ)　将来返還される建設協力金等の差入預託保証金（敷金を除く。）

第1部　公開草案の徹底解説

　　(ii)　差入預託保証金（建設協力金等及び敷金）のうち、将来返還されない額

　また(i)係る長期前払家賃及び(ii)について、適用初年度の前連結会計年度
及び前事業年度の期末日の帳簿価額を適用初年度の期首における使用権資
産に含めて会計処理を行うこともできる。

　公開草案適用指針第124項(i)及び(ii)を認めた主な理由は次の通りである。

- 建設協力金を伴う賃貸借契約における単一の契約期間により、長期前払家賃
の償却及び受取利息の計上を行うことを前提として契約が行われている場合
があり、新会計基準の適用前に締結された契約に対し、原則的な会計処理を
一律に求めると、当初の企業の契約意図が反映されなくなる場合がある。
- 財務諸表作成者による遡及適用のコスト及び財務諸表利用者の便益を比べる
と、必ずしも後者が前者を上回るとはいえない。

《貸手》

⑦　ファイナンス・リース取引に分類していたリース

　従来の基準によりファイナンス・リース取引に分類していた貸手のリース債
権及びリース投資資産の帳簿価額等に係る経過措置について、公開草案では以
下の定めをおいている。

公開草案　適用指針第125項

　公開草案適用指針第114項ただし書きの方法を選択する貸手は、企業会計
基準第13号においてファイナンス・リース取引に分類していたリースにつ
いて、適用初年度の前連結会計年度及び前事業年度の期末日におけるリー
ス債権及びリース投資資産の帳簿価額のそれぞれを適用初年度の期首にお
けるリース債権及びリース投資資産の帳簿価額とする。これらのリースに
ついては、適用初年度の期首から会計基準を適用してリース債権及びリー
ス投資資産について会計処理を行う。

　ただし、企業会計基準第13号において、貸手における製作価額又は現金
購入価額と借手に対する現金販売価額の差額である販売益を割賦基準によ

り処理している場合、適用初年度の前連結会計年度及び前事業年度の期末日の繰延販売利益の帳簿価額は適用初年度の期首の利益剰余金に加算する。販売益を利息相当額に含めて処理している場合にも同様とする（公開草案適用指針第125項）。

⑧ オペレーティング・リース取引に分類していたリース等

従来の基準では、「通常の賃貸借取引に係る方法に準じた会計処理」のみを定めていた。一方、公開草案では、収益認識会計基準との整合性も考慮し、原則として定額法で会計処理を行う。この会計処理の変更は、主に不動産契約におけるフリーレントやレントホリデー等の会計処理に影響があると想定している。一方、オペレーティング・リース取引に分類していたリース等の経過措置をおくことで、フリーレント期間が終了している不動産契約は修正が求められないこととなる。具体的には、次の定めをおいた。

公開草案	適用指針第126項

公開草案適用指針第114項ただし書きの方法を選択する貸手は、企業会計基準第13号においてオペレーティング・リース取引に分類していたリース及び会計基準の適用により新たに識別されたリースについて、適用初年度の期首に締結された新たなリースとして、会計基準を適用することができる（公開草案適用指針第126項）。

⑨ サブリース取引

サブリースに係る適用初年度の期首の取扱い等について、公開草案では、以下の定めをおいた。

公開草案	適用指針第127項

公開草案適用指針第114項ただし書きの方法を選択するサブリースの貸手は、サブリース取引（サブリース取引における例外的な取扱い（公開草案適用指針第88項及び第89項）を適用する場合を除く。）におけるサブリースについて、次の修正を行う（公開草案適用指針第127項）。

187

第1部　公開草案の徹底解説

(ⅰ)　企業会計基準第13号においてオペレーティング・リース取引として会
　　　計処理していた会計基準におけるサブリース及び会計基準の適用により
　　　新たに識別されたサブリースについて、適用初年度の期首時点における
　　　ヘッドリース及びサブリースの残りの契約条件に基づいて、サブリース
　　　がファイナンス・リースとオペレーティング・リースのいずれに該当す
　　　るかを決定する。

(ⅱ)　(ⅰ)においてファイナンス・リースに分類されたサブリースについて、
　　　当該サブリースを適用初年度の期首に締結された新たなファイナンス・
　　　リースとして会計処理を行う。

(3)　国際財務報告基準を適用している企業に係る経過措置

　IFRSを連結財務諸表に適用している企業（又はその連結子会社）が当該企業の
個別財務諸表に会計基準を適用する際、実務負担軽減の観点から、当該企業が
IFRS16を適用した際の経過措置の定めを活用できるよう、会計基準の適用初年
度にIFRS16又はIFRS1の経過措置を適用できる定めをおいた。具体的には次の
通りである。

公開草案　適用指針第128項

　公開草案適用指針第114項から第127項の定めに関わらず、国際財務報告
基準（IFRS）を連結財務諸表に適用している企業（又はその連結子会社）が
当該企業の個別財務諸表に会計基準を適用する場合、会計基準の適用初年
度において、次のいずれかの定めを適用することができる（公開草案適用指
針第128項）。

(ⅰ)　IFRS第16号「リース」の経過措置の定めを適用していたときにはIFRS
　　　第16号の経過措置の定め

(ⅱ)　IFRS第16号を最初に適用するにあたってIFRS第1号「国際財務報告
　　　基準の初度適用」の免除規定の定めを適用していたときには、IFRS第1
　　　号の免除規定の定め

　(ⅰ)又は(ⅱ)のいずれの定めを適用する場合でも、連結会社相互間における

リースとして、相殺消去されたリースに公開草案適用指針第116項から第127項の定めを適用することができる。

第 2 部

公開草案の適用に関する実務上の論点

公開草案では、借手において原則すべてのリース取引をオンバランスする等、従来とは大きく異なる会計処理を求められることから、財務数値や経営管理指標への影響だけでなく、ビジネスや内部統制への影響も考慮した実務上の対応を行う必要があると考えられる。第2部では、基準化された公開草案の適用にあたって、公開草案の内容を前提に、想定される実務上の論点について解説する。

第2部　公開草案の適用に関する実務上の論点

第1章　公開草案の適用準備における実務上の論点

1　適用準備のための計画検討段階における実務上の論点

⑴　借手における公開草案の適用準備を計画するにあたって、最初に何を検討する必要があるか？

　公開草案の適用に関連して企業が検討すべき事項は多く、検討や準備に時間を要する事項もあるため、最初のゴールセッティングで大きな漏れがないようにしておくことが重要なポイントの一つと考えられる。ゴールセッティングに漏れがあると、十分な準備期間を確保できなかったり、検討に必要な関連部署の巻込みが不十分であったり、対応に必要な人員やコストを十分に確保できなかったりするなど、十分な検討ができないまま基準の適用を迎えてしまうリスクを高めることになる。

　借手における公開草案の適用準備において検討が必要となる可能性のある事項の例を、図表2-1に示す。公開草案の適用に向けた準備においては、会計処理やシステム導入など、相当の時間を要する可能性がある事項もあり、こういっ

図表2-1　公開草案の適用準備における検討事項の例

財務指標	経営管理	業務プロセス
会計監査人との協議	会計方針、会計処理及び注記の検討	内部統制
税務影響	システム対応	人員配置

192

第1章　公開草案の適用準備における実務上の論点

た検討事項の何をゴールに設定するかのゴールセッティングに重要な漏れがないようにした上で、設定したゴールを達成するために必要十分な時間と人員体制を確保して、適用準備を開始することが、計画段階において検討すべき一つの重要なポイントになると考えられる。

① 会計方針、会計処理及び注記の検討

　従来の基準とは異なる定義に基づくリースを漏れなく識別し、会計処理を検討する。実務上の簡便法の採否、リース期間や割引率の見積り等、判断を要する事項は多く、手戻りを防止するためには、注記まで含めて検討しておくことが考えられる。また、リースの識別やリース期間の決定等、難しい判断を必要とする取引もあり、検討に相当の時間を要する場合があることも想定しておくことが考えられる。

② 財務指標への影響の検討

　原則すべてのリースがオンバランスされること等により、ROAや負債比率等の財務指標にどのような影響があるかを分析し、検討することが考えられる。

③ 経営管理への影響の検討

　経営管理に使用している指標にどのような影響があるかを分析し、必要に応じて経営管理方針及び経営計画の見直しを検討することが考えられる。

④ 業務プロセスの検討

　公開草案に基づくリースの会計処理等を適切に行うために、リース契約の管理やリース物件の管理、リースの識別や条件変更に伴う事後測定等に対応できる業務プロセスの構築を検討することが考えられる。

⑤ 内部統制の検討

　公開草案の適用に関連して、新たに識別されたリスクに対応した内部統制の構築を検討することが考えられる。また、J-SOX（内部統制報告制度）への影響についても検討しておくことが考えられる。

⑥ 人員配置の検討

　公開草案に対応した新たな業務プロセス及び内部統制を適切に整備運用するために必要な人員配置、必要な人材育成方針等を検討することが考えられる。

第2部　公開草案の適用に関する実務上の論点

⑦　システム対応の検討

　公開草案の適用に伴う使用権資産の償却や利息法によるリース負債の計算等への対応を行うために必要なシステム導入や機能強化、システムを使用しない場合でも使用する計算ツールの計算ロジックの正確性の検証等を検討することが考えられる。システム導入や機能強化を、トラブルなくスムーズに行うためにも、十分な準備期間を確保しておくことが考えられる。

⑧　税務影響の検討

　公開草案の適用に伴う会計処理の変更に対応した各種税務処理への影響を検討しておくことが考えられる。

⑨　会計監査人との協議

　公開草案の適用において、判断が難しい取引等に関して、手戻りを防止するためにも、会計監査人と前広な協議を行うことが考えられる。

⑵　借手における公開草案の適用準備はどのようなステップで進めていけばよいか？

　公開草案の適用準備をどのようなステップで進めていけばよいかは、各企業の状況によって異なるが、進め方の一つの例として以下のステップが考えられる。

図表2-2　公開草案の適用準備ステップの例

Ⅰ　現状把握&影響分析	Ⅱ　対応方針検討	Ⅲ　内部管理体制の整備	Ⅳ　本番運用
・リースの識別調査 ・会計処理の検討 ・財務指標への影響分析 ・経営管理指標への影響分析	・会計／開示方針の検討 ・業務プロセスの見直し ・内部統制の見直し ・経営管理方針の見直し ・経営計画の見直し	・業務プロセスの構築 ・内部統制の構築 ・システム導入 ・人員配置、人材育成	・ドライランの実施 ・改善活動

第1章　公開草案の適用準備における実務上の論点

ステップⅠ：現状把握及び影響分析

　ステップⅠの現状把握及び影響分析においては、これまでリースを識別していなかった取引にリースに該当するものがないかを検討することを含めて、すべてのリースを識別するための調査を実施する。組織構造が複雑で広範にわたる場合には、組織的な調査方法の採用を検討する必要がある。

　識別されたリースについて、公開草案に基づいた会計処理の検討を行い、財務指標や経営管理指標への影響を分析する。この調査のなかで、契約書及び契約情報管理の現状やリースの会計処理に関係する業務プロセスの現状も把握しておき、後のステップにおける対応方針検討の参考にすることが考えられる。

ステップⅡ：対応方針検討

　ステップⅡの対応方針検討においては、ステップⅠで把握できた現状及び財務指標や経営管理指標への影響に基づき、採用すべき会計方針や開示の検討、業務プロセスや経営管理方針の見直しの要否を検討する。

　公開草案ではリースの会計処理について様々な簡便法が用意されているため（第1部第7章 **2** 参照）、実務負担と経営管理への影響を総合的に勘案して、採用すべき会計方針を決定することが考えられる。現状把握及び影響分析と会計方針の検討、業務プロセスや経営管理方針の見直しの検討は、相互に影響するため、単純に一方向で進められるステップではなく、試行錯誤によるやり直しや、複数パターンの同時検討が必要になる可能性がある。また、経営管理指標やビジネス、経営戦略への影響に重要性がある場合、経営企画部門や営業部門等との連携も必要になる点に留意が必要である。

　さらに、会計監査を受けている場合には、会計監査に関係する会計方針や開示に関して、事前に会計監査人と協議しておくことも、手戻りを防止するため重要になる場合もある。

ステップⅢ：内部管理体制の整備

　ステップⅢの内部管理体制の整備においては、ステップⅡで検討した対応方針に基づき、必要な内部管理体制を構築する。

195

第2部　公開草案の適用に関する実務上の論点

　リースに関係する業務プロセスの整備、リースに関係する財務数値や経営管理指標を適時に正確に算定するための内部統制の整備には、一定程度の時間を要することが想定されるため、十分な時間を確保しておくことに留意が必要である。特に組織構造が複雑である場合や、拠点が多く存在する場合等、企業グループ内の展開に時間を要する可能性がある場合には、注意が必要である。

　また、システムの機能強化についても、システムの要件定義、システム構築、本番導入前の受入テスト等、システム導入に必要な手順を踏む必要があり、これには相当の時間を要する場合があることには留意しておく必要がある。システムの機能強化を行わない場合においても、使用する計算ツールの計算ロジック確認等、データの保全や計算の正確性を担保する仕組みの整備を行う必要がある点には留意が必要である。

ステップⅣ：本番運用

　ステップⅣの本番運用においては、ステップⅢで整備した内部管理体制を実際に本番運用することになる。本番運用において重要なトラブルが生じないよう、十分な事前の準備を行っておく必要があるが、本番運用後に発見された課題に対して速やかに改善対応を図っていく体制を構築しておくことも重要と考えられる。

⑶　借手における公開草案の適用準備に係る期間としてどの程度の期間を見込んでおくべきか？

　公開草案の適用準備に係る期間は、各企業の状況によって大きく異なる。適用準備に係る期間に影響を及ぼす状況として、例えば、以下が考えられる。

- ・大規模なシステムの導入が必要である
- ・リースの会計処理の検討に時間を要する契約が多い
- ・企業グループの組織構造が複雑である等の理由により、影響調査や内部管理体制の構築に時間がかかる
- ・経営上重視している経営管理指標やビジネスへの影響が大きく、経営戦略や経営管理方針の見直しが必要である

このような例にあてはまるかどうか等を参考に、どの程度の準備期間を確保した上で適用準備を開始するべきかを検討することが考えられる。

公開草案では、強制適用の時期を基準公表から2年程度経過後に初めて到来する4月1日以降開始する事業年度の期首からとしているため、公開草案の提案通りに基準化された場合には、適用準備にかけられる期間は最大でも約2年間となる。適用準備にかかる期間は、企業の状況によって大きく異なることから、適用準備に向けたスケジュールを一概に示すことは難しいが、仮に、適用準備期間を2年とした場合の適用準備スケジュールの例としては、以下が考えられる。

図表2-3　仮に適用準備期間を2年とした場合の適用準備スケジュールの例

領域	適用準備1年目		適用準備2年目		適用初年度
	上半期	下半期	上半期	下半期	上半期
財務報告／経営管理	現状把握影響分析	会計／開示方針検討	決算業務プロセス／内部統制構築	運用トライアル	本番運用
業務プロセス／内部統制	現状把握	業務対応方針検討	業務プロセス／内部統制構築		
システム	現状把握	システム対応方針検討	システム導入／内部統制構築		
グループ展開	現状把握影響分析	業務対応方針検討／システム対応方針検討	業務プロセス／内部統制構築／システム導入／内部統制構築		

197

第2部　公開草案の適用に関する実務上の論点

⑷　借手における公開草案の適用準備を始めるにあたって、最初に決めておくべき会計方針として何があるか？

公開草案の適用については、過去の期間のすべてに遡及適用する方法が原則であるが、公開草案適用指針第114項ただし書きにおいて、過去の期間における累積的影響額を適用初年度の期首の利益剰余金に加減する方法が認められている。また、この容認法を選択する場合に限って様々な経過措置（簡便的な方法）が認められている。

これらの経過措置を採用するかどうかは、適用準備における現状把握や影響調査の進め方、会計処理の検討等に大きく影響するため、公開草案の適用準備を開始するにあたっては、まずは公開草案適用指針第114項ただし書きの容認法を選択するかどうかが重要な決定事項になる場合がある。

図表 2 - 4 　公開草案適用指針第114項ただし書きの容認法

公開草案適用指針第114項ただし書きの容認法を選択した場合には、様々な経過措置を採用することができる（図表 2 - 5 に主な経過措置を掲載した）。

198

第1章　公開草案の適用準備における実務上の論点

図表2-5　公開草案適用指針第114項ただし書きを選択した企業に認められる主な経過措置

リースの識別 （公開草案適用 指針第115項）	従来の基準を適用していたリース	公開草案新リース会計基準におけるリースの識別を判断せずに、公開草案新リース会計基準を適用する	
	従来の基準を適用していなかった契約	適用初年度の期首時点における事実・状況に基づいて公開草案新リース会計基準におけるリースの識別を判断する	
借手 （公開草案適用 指針第116項 ～第118項）	ファイナンス・リースに分類していたリースに関する適用初年度期首の帳簿価額	前年度の期末日におけるリース資産及びリース債務の帳簿価額のそれぞれを適用初年度の期首における使用権資産及びリース負債の帳簿価額とする	
	オペレーティング・リースに分類していたリースと公開草案新リース会計基準の適用により新たに識別されたリースに関する適用初年度期首の帳簿価額	使用権資産：リース1件ごとに次のいずれかによる ①リース開始日から公開草案新リース会計基準を適用していたかのような帳簿価額 ②右のリース負債と同額	リース負債：適用初年度期首時点における残りのリース料と借手の追加借入利子率に基づく割引現在価値とする
貸手 （公開草案適用 指針第125項 ～第126項）	ファイナンス・リースに分類していたリースに関する適用初年度期首の帳簿価額	前年度の期末日におけるリース債権及びリース投資資産の帳簿価額のそれぞれを適用初年度の期首におけるリース債権及びリース投資資産の帳簿価額とする。ただし、貸手における販売益を割賦基準により処理している場合、適用初年度の前年度の期末日の繰延販売利益の帳簿価額は適用初年度の期首の利益剰余金に加算する。販売益を利息相当額に含めて処理している場合にも同様とする	
	オペレーティング・リースに分類していたリースと公開草案新リース会計基準の適用により新たに識別されたリースに関する公開草案新リース会計基準の適用方法	適用初年度の期首に締結された新たなリースとして、公開草案新リース会計基準を適用する	

199

第2部　公開草案の適用に関する実務上の論点

　これらの経過措置を採用することにより、契約当初の事実・状況を調査した上で会計処理を遡及的に検討する実務負担を回避できるため、これらの経過措置の採否は適用準備の初期の段階において検討しておくことが重要なポイントの一つと考えられる。

⑸　貸手における公開草案の適用準備に関しては、どのような実務上の論点があるか？

　公開草案の適用に関する貸手における実務上の論点として、例えば、以下があげられる。

①　借手側の会計処理の変更に伴う貸手ビジネスへの影響

　借手のリースが原則オンバランスになったことから、借手側の取引ニーズに変化がある可能性があり、貸手としての商品設計の見直しを検討する必要が生じる可能性がある。

　また、借手から、従来の基準においてオペレーティング・リースに分類していたリース取引について、公開草案に基づく借手側における会計処理に必要な情報提供を求められる可能性も考えられる。こういった要請に対して、どのような対応を行うかについては、システムの機能強化も含めた貸手における経営上の課題になる可能性がある。

②　貸手におけるファイナンス・リース取引の会計処理に関する第二法の廃止

　従来の基準において、第二法（リース料受取時に売上高及び売上原価を計上する方法）（第1部第13章 1 参照）を採用していた場合には、公開草案の適用による金額的影響は大きくなる場合があり、経営管理指標への影響やJ-SOX（内部統制報告制度）の経営者評価範囲の選定にも影響する可能性がある。

③　サブリースの会計処理

　サブリースの中間的な貸手である場合、当初の貸手からのヘッドリースがオペレーティング・リースである場合には、原則として使用権資産とリース負債の認識が必要となり、サブリースをファイナンス・リースかオペレーティング・リースに分類して、当該分類に基づいた会計処理を行う必要がある（第1部第14章 4 参照）。

第1章　公開草案の適用準備における実務上の論点

一定の要件を満たした場合は資産及び負債を計上しない例外的な処理も可能であるが（公開草案適用指針第88項）、サブリースの中間的な貸手である場合、従来の基準とは異なる会計処理、内部管理が必要になる可能性がある。

④　**セール・アンド・リースバック取引の会計処理**

資産の譲渡が売却に該当しない場合又は資産の譲渡が売却に該当する場合であっても、リースバックによって、売手である借手が、資産からもたらされる経済的利益のほとんどすべてを享受することができ、かつ、資産の使用に伴って生じるコストのほとんどすべてを負担することとなる場合には、資産の譲渡とリースバックを一体の取引とみて、金融取引として会計処理する必要がある（第1部第15章参照）。

セール・アンド・リースバック取引を行う場合には、資産の買手である貸手及び資産の譲渡を行う売手である借手の双方にとって、意図した効果が得られる取引となるか、公開草案に基づいて判断する必要がある。

2 │ 借手におけるリースの識別の調査の進め方

(1) 借手における公開草案の適用において、リースの識別が何故重要なポイントとされるのか？

従来の基準においては、ファイナンス・リースかオペレーティング・リースかが、リースの借手におけるオンバランス処理の分かれ目であったため、ファイナンス・リースかオペレーティング・リースかの判断が実務上も重要視されてきたポイントであった。

一方、公開草案では、借手におけるファイナンス・リースとオペレーティング・リースの二区分モデルが廃止され、すべてのリースがオンバランス処理されることとなるため、リースか非リースかがオンバランス処理の分かれ目になることから、リースか非リースかの区分が、重要視されるべきポイントになる。

201

第2部　公開草案の適用に関する実務上の論点

図表2-6　リースに係るオンバランス処理の判定イメージ

公開草案の適用に伴い、従来の基準からオンバランス処理の境界線が切り替わり、リースの定義についても新しく支配権モデルに基づく判断が求められることになる。そのため、契約のなかにリースが含まれているものがないか、同じ契約のなかにリースと非リースが混在している場合にリースと非リースを区分することは、企業によってはこれまで重要視されてこなかったポイントである可能性があり、実務に大きな影響を及ぼす可能性がある。こういったこれまでの実務からの変化の状況も踏まえて、リースを漏れなく識別するための調査を実施することと併せて、リースを漏れなく識別できるための内部管理体制に何が不足しているかを調査しておくことも、重要なポイントの一つになると考えられる。

(2) 借手におけるリースの識別の調査を漏れなく行うための実務上の留意事項として何があるか？

リースの識別の調査を行うにあたっては、調査対象範囲の網羅性をどう確保するかが重要なポイントになる。調査対象に後で漏れが発見された場合には、適用準備の手戻りになる。リースの識別を漏れなく実施するための内部統制の観点からも、調査対象の網羅性をどう確保したかを、客観的な形でわかるように、調査計画や調査方法等について文書等で残しておくことも実務上のポイントになる。

調査対象の網羅性を検討する際の一つの考え方として、会計・財務報告では、契約に基づく費用を網羅的に集計できていると考えられることから、調査の対

象について、会計・財務報告において計上されているすべての費用と整合性を図ることが考えられる。この場合、販売費及び一般管理費に分類されている費用に限らず、売上原価や営業外の費用として分類されているものも、調査対象との整合性を図る範囲に含める必要がないか検討することが考えられる。

実際に調査を行う際は、調査の進捗を管理し、調査の質を十分に確保できる単位に、調査対象を細分化する必要がある場合がある。細分化の方法は、費用科目の分類で区分する方法、会計・財務報告上の部門や支店、会社単位に分ける方法等が考えられる。

調査を効果的かつ効率的に進める上で調査対象の細分化が必要となる場合があるが、そのような場合においても、会計・財務報告において計上されている費用合計と整合するように調査対象の全体をマッピングした上で、調査の対象とされるべき費用が漏れなく調査されるよう、コントロールできる仕組を導入することも実務上のポイントの一つとして考えられる。

⑶　借手におけるリースの識別の調査方法を検討する上で実務上のどのような留意事項があるか？

リースの識別に係る調査を行うにあたっては、前項 **1** ⑷で示した通り、公開草案の適用に係る経過措置を適用するかどうかで調査の方法が大きく異なる。第2部では、公開草案適用指針第114項ただし書きの容認法を選択し、公開草案適用指針第115項以降に定めのある経過措置を適用することを基本的に前提として解説している。

適用準備におけるリースの識別の調査においては、以下を対象とすることが考えられる。

①　従来の基準を適用し、ファイナンス・リースに分類していたリース
②　従来の基準を適用し、オペレーティング・リースに分類していたリース
③　従来の基準を適用していなかった契約のなかに含まれるリース

公開草案適用指針第115項の経過措置を適用することにより、①と②については、改めてリースの識別の判断を行う必要はないが、適用初年度の期首時点における使用権資産及びリース負債の帳簿価額を決定する必要があるため、①と

第2部　公開草案の適用に関する実務上の論点

②に該当する契約は、リースの識別に係る調査の段階で特定しておくことが考えられる。

　リースの識別に係る調査を適切に実行するためには、企業の実態に適した調査体制及び調査方法を検討する必要がある。リースの識別に係る調査対象が広範で複雑であるほど、少ない人数では対応できないため、大規模で組織的な調査が必要になる。組織的に調査を行うためには、調査対象とした契約について、誰がどのような調査を担当するのか、調査を担当する人員の誰にどのようなレベルの能力と権限があればよいのか、調査の質を確保するために調査方針や調査内容をどこまで文書化しておく必要があるのか等を検討することが考えられる。特に、調査対象となる拠点数が多い場合には、各拠点における調査の水準を確保するために、分かりやすく明確な調査方針を定めて、必要な周知を行う上で十分な文書化を行い、必要に応じて説明会を実施する等の対応も考えられる。

　また、「第1部第7章　借手のリース　その4　短期リース及び少額リースに関する簡便的な取扱い」で示した短期リース及び少額リースに関する簡便的な取扱いを採用するかどうかは、リースの識別に関する調査の方法に影響を与えるため、リースの識別に関する調査の開始時に決定しておくことも検討すべき一つのポイントと考えられる。

　リースの識別の判断においては、「第1部第2章 2 リースの識別」で説明した通り、資産が特定されているかどうか、資産の使用を支配する権利が移転しているかどうかを判断し、契約がリースを含むかどうか判断する必要がある。この判断に関しては、リースの識別に関するフローチャート（図表1-4 リースの識別に関するフローチャート　20頁参照）も参考にする必要がある。

　リースの識別の判断には、公開草案を十分に理解した上での高度な判断が必要とされる契約も想定されるため、定型的に行える判断を1次スクリーニングで行い、高度な判断は2次スクリーニング以降に実施するというように、調査を2段階に分けることで、人的資源の効率的な活用を行うことも考えられる。

　例えば、資産が特定されているかどうかについて、1次スクリーニングの段階において、以下の分類を行っておくことが考えられる。

204

第1章　公開草案の適用準備における実務上の論点

・資産が特定されていないことが明らかなもの

・資産が特定されていることが明らかなもの

・資産が特定されているかどうか不明なもの

　あるいは、リースに該当する可能性があるとしても、集計管理が不要と判断できる可能性のある以下のような取引についても、1次スクリーニングの段階で判定することが考えられる。ただし、借手のリース期間については、延長オプションを考慮する必要があり、少額リースの判定も延長オプション考慮後のリース期間のリース料で判定する必要があることから、延長オプションの有無に注意することが必要である。

・借手のリース期間が1か月以下のリース

・企業の事業内容に照らして重要性の乏しいリースで、リース契約1件あたりの借手のリース料が300万円以下のリース

　また、リースの識別の判断を行うにあたって、資産の特定やリース期間等の会計処理の根拠が契約書上明確になっていない場合には、契約書の内容を変更して会計処理の根拠が明確になるように取引先と協議するべきかどうか等を検討することも考えられる。

　さらに、会計監査を受けている場合には、リースの識別にかかる調査方法や調査結果の妥当性、リースに該当するかどうかの判断が難しい契約について、会計監査人との協議に要する期間等も考慮に入れておくことも考えられる。

⑷　借手におけるリースの識別の調査において、経費・契約種類別にどのような実務上の留意事項があるか？

　リースの識別の調査では、リースが含まれる契約を網羅的に調査する必要がある。リースの識別の調査は、企業が会計・財務報告で作成している費用明細等に基づいて調査を行うことが考えられるが、ここでは、リースの識別の調査において考えられる経費・契約種類別の実務上の留意事項を解説する。

205

第2部　公開草案の適用に関する実務上の論点

①　業務委託契約

　清掃業務やアドバイザリー業務、物品輸送等何らかの業務を外部に委託する場合の費用は、業務委託費や外注費等に含まれている可能性がある。業務委託契約等における業務においては、委託された業務に使用されている資産が特定された資産に該当する場合があり、契約条件によっては、契約がリースを含む可能性がある。例えば、業務委託契約において、車両や機械装置等の何らかの特定された資産が委託業務に使用されている場合が該当する。

　公開草案設例2-1では、輸送業務における鉄道車両の例が取り上げられている。この設例における前提条件では、輸送に使用される鉄道車両については、サプライヤーが資産を代替する実質的な権利を有していることから、特定された資産に該当しないと判断されている。

［設例2］　鉄道車両（特定された資産）
［設例2-1］　資産を他の資産に代替する権利が実質的である場合

　前提条件

1．A社（顧客）は、5年間にわたり所定の数量の物品を所定の日程で輸送することを依頼する契約を貨物輸送業者であるB社（サプライヤー）と締結した。この輸送量は、顧客が5年間にわたって10両の鉄道車両を使用することに相当するが、契約では鉄道車両の種類のみが指定されている。

2．B社は、複数の鉄道車両を所有しており、輸送する物品の日程及び内容に応じて使用する鉄道車両を決定する。

出所：企業会計基準適用指針公開草案第73号「リースに関する会計基準の適用指針（案）」の設例　設例2-1

②　使用契約

　会議室や施設等の使用契約に関する費用は、使用料や手数料等に含まれている可能性がある。また、当該契約にリースが含まれる場合、借手のリース期間が12か月以内であることから短期リースに該当する場合でも、1か月以下でない場合には、短期リースに係る費用の発生額の注記対象になる可能性がある点

にも留意が必要である。

公開草案設例2-2では、鉄道車両を使用する契約の事例が取り上げられている。この設例における前提条件では、鉄道車両は契約で特定されており、サプライヤーが資産を代替する実質的な権利を有していないことから、資産は特定されていると判断されている。また、顧客が使用期間全体を通じて、資産の使用から生じる経済的利益のほとんどすべてを享受する権利を有し、かつ、資産の使用を指図する権利を有していることから、資産の使用を支配する権利が移転すると判断され、この契約にはリースが含まれていると判断されている。

［設例2-2］資産を他の資産に代替する権利が実質的でない場合

> **前提条件**
> 1．A社（顧客）は、5年間にわたり鉄道車両を使用する契約を貨物輸送業者であるB社（サプライヤー）と締結した。鉄道車両は契約で指定されている。
> 2．B社は、保守又は修理が必要な場合、鉄道車両を入れ替えることが求められるが、それ以外の場合には鉄道車両を入れ替えることはできない。
> 3．A社は、使用期間全体を通じて鉄道車両を独占的に使用することができる。
> 4．A社は、使用期間全体を通じて鉄道車両の使用を指図する権利を有している。すなわち、第5項(2)が満たされている。

出所：企業会計基準適用指針公開草案第73号「リースに関する会計基準の適用指針（案）」の設例 設例2-2

③　ネットワーク・サービス契約

ネットワーク・サービスの利用に係る費用は、通信費やシステム利用料等に含まれている可能性がある。ネットワーク・サービスの利用契約の中には、サーバー等の情報通信機器が特定された資産に該当する場合があり、契約条件によっては契約がリースを含む可能性がある点に留意が必要である。

公開草案設例5-1及び5-2では、ネットワーク・サービスの利用契約の事

第2部　公開草案の適用に関する実務上の論点

例が取り上げられている。設例5-1における前提条件では、サプライヤーが資産の使用を指図する権利を有しており、顧客が使用期間全体を通じて資産の使用を指図する権利を有していないことから、この契約にはリースは含まれていないと判断されている。

［設例5］ネットワーク・サービス（使用を指図する権利）
［設例5-1］顧客が資産の使用を指図する権利を有していない場合

前提条件

1．A社（顧客）は、2年間にわたりB社（サプライヤー）が提供するネットワーク・サービスを利用する契約を締結した。

2．B社は、ネットワーク・サービスを提供するために、A社の敷地にサーバーを設置する。

3．B社は、A社との契約で定められたネットワーク・サービスの水準を満たすようにデータの通信速度を決定し、必要に応じてサーバーの入替えを行うことができる。

4．A社は、契約の締結時にネットワーク・サービスの水準を決定することができる。ただし、契約変更を行わない限り、使用期間全体を通じて、契約で定められたネットワーク・サービスの水準を変更することができない。

5．A社は、サーバーを使用してどのようにデータを送信するのか、サーバーの使用方法に関する重要な決定は行わない。

6．A社は、設計に関与しておらず、サーバーを稼働する権利も有しない。

出所：企業会計基準適用指針公開草案第73号「リースに関する会計基準の適用指針（案）」の設例　設例5-1

　一方、設例5-2の前提条件では、顧客が使用するサーバーが特定されており、顧客が使用期間全体を通じて、資産の使用から生じる経済的利益のほとんどすべてを享受する権利を有し、かつ、資産の使用を指図する権利を有していることから、資産の使用を支配する権利が移転すると判断され、この契約にはリースが含まれていると判断されている。

208

第1章　公開草案の適用準備における実務上の論点

［設例 5 – 2 ］顧客が資産の使用を指図する権利を有している場合

前提条件

1. Ａ社（顧客）は、Ｂ社（サプライヤー）と、３年間にわたりサーバーを使用する契約を締結した。
2. Ｂ社は、Ａ社からの指示に基づき、Ａ社の敷地にサーバーを設置し、使用期間全体を通じて、必要に応じてサーバー修理及びメンテナンス・サービスを提供する。
3. Ａ社は、使用期間全体を通じて、Ａ社の事業においてサーバーをどのように使用するかや、当該サーバーにどのデータを保管するかについての決定を行うことができる。
4. 当該サーバーは、特定された資産である。すなわち、第６項(1)及び(2)が満たされていない。

出所：企業会計基準適用指針公開草案第73号「リースに関する会計基準の適用指針（案）」の設例　設例 5 – 2

④　**電力購入契約**

　電力購入に係る費用は、水道光熱費等に含まれている可能性がある。再生可能エネルギーの購入契約等の中には、エネルギーの生産設備が特定された資産に該当する場合があり、契約条件によっては契約がリースを含む可能性がある点に留意が必要である。

　公開草案設例 6 – 1 、 6 – 2 及び 6 – 3 では、電力購入契約の事例が取り上げられている。設例 6 – 1 における前提条件では、特定された資産はあるものの、顧客が使用期間全体を通じて資産の使用を指図する権利を有していないことから、この契約にはリースは含まれていないと判断されている。

209

第2部　公開草案の適用に関する実務上の論点

［設例6］電力（使用を指図する権利）

［設例6-1］使用方法が契約で定められており、顧客が資産の使用を指図する
権利を有していない場合

前提条件

1．A社（顧客）は、B社（サプライヤー）と、B社が所有する発電所が産出
する電力のすべてを3年間にわたり購入する契約を締結した。

2．B社は、業界において認められた事業慣行に従い、日々当該発電所を
稼働し、維持管理を行う。

3．契約において、使用期間全体を通じた当該発電所の使用方法（産出す
る電力の量及び時期）が定められており、契約上、緊急の状況などの特別
な状況がなければ使用方法を変更することはできないことも定められて
いる。

4．A社は当該発電所の設計に関与していない。

5．当該発電所は、特定された資産である。すなわち、第6項(1)及び(2)が
満たされていない。

出所：企業会計基準適用指針公開草案第73号「リースに関する会計基準の適用指針
（案）」の設例 設例6-1

　設例6-2における前提条件では、資産は特定されており、特定された資産の
使用を支配する権利がサプライヤーから顧客に移転していると判断されること
から、この契約にはリースが含まれていると判断されている。

［設例6-2］使用方法が契約で定められており、顧客が資産の使用を指図する
権利を有している場合

前提条件

1．A社（顧客）は、B社（サプライヤー）と、B社が所有する発電所が産
出する電力のすべてを10年間にわたり購入する契約を締結した。

2．B社は、業界において認められた事業慣行に従い、日々当該発電所を

第1章　公開草案の適用準備における実務上の論点

稼働し、維持管理を行う。

3．A社が当該発電所の使用方法（産出する電力の量及び時期）を決定する
　権利を有していることが契約で定められている。

4．また、B社が他の契約を履行するために当該発電所を使用することが
　できないことも契約で定められている。

5．当該発電所は、特定された資産である。すなわち、第6項(1)及び(2)が
　満たされていない。

出所：企業会計基準適用指針公開草案第73号「リースに関する会計基準の適用指針
　　　（案）」の設例 設例6-2

　設例6-3における前提条件では、資産は特定されており、特定された資産の
使用を支配する権利がサプライヤーから顧客に移転していると判断されること
から、この契約にはリースが含まれていると判断されている。

[設例6-3] 使用方法が設計によって事前に決定されており、顧客が資産の使用を指図する権利を有している場合

前提条件

1．A社（顧客）は、B社（サプライヤー）と、B社が新設する太陽光ファー
　ムが産出する電力のすべてを20年間にわたり購入する契約を締結した。

2．A社は、当該太陽光ファームを設計した。

3．B社は、A社の仕様に合わせて当該太陽光ファームを建設し、建設後に
　当該太陽光ファームの稼働及び維持管理を行う責任を有している。

4．当該太陽光ファームの使用方法（電力を産出するかどうか、いつ、どの
　くらい産出するか）は、当該太陽光ファームの設計により決定されている。

5．当該太陽光ファームは、特定された資産である。すなわち、第6項(1)
　及び(2)が満たされていない。

出所：企業会計基準適用指針公開草案第73号「リースに関する会計基準の適用指針
　　　（案）」の設例 設例6-3

211

第2部　公開草案の適用に関する実務上の論点

⑤　物品購入契約

製品等の物品購入にかかる費用は、売上原価等に含まれている可能性がある。物品の購入契約等の中には、物品の生産設備が特定された資産に該当する場合があり、契約条件によっては契約がリースを含む可能性がある点に留意が必要である。

3　借手における経営及び内部管理体制への影響の検討

⑴　借手における公開草案の適用準備を進める上で、財務指標等への影響について、実務上検討すべきポイントにどのようなものがあるか？

借手における公開草案の適用により、オペレーティング・リースに分類されてきたリースも含めて、原則としてすべてのリースをオンバランスすることになるため、財務数値への影響として、総資産が増加する可能性がある。費用については、原則として利息法による費用処理が行われることになるため、費用計上がトップヘビーとなる可能性がある。また、利息法による支払利息相当分が支払利息（営業外費用）として認識されることにより、営業キャッシュ・フローが増加し、財務キャッシュ・フローが減少する可能性がある。

借手における公開草案の適用により、影響を与える可能性のある財務指標の例としては以下があげられる（第1部第4章 **4** 参照）。

《改善される可能性がある指標の例》

・営業利益

・EBITDA（税引前当期純利益＋特別損益＋支払利息＋減価償却費）

《悪化する可能性がある指標の例》

・インタレスト・カバレッジ・レシオ

　（税引前当期純利益＋支払利息－受取利息/支払利息）

・ROA（利益/総資産）

・総資本回転率（売上高/総資本（＝総資産））

・自己資本比率（資本/（総負債＋資本））

・負債比率（負債/資本）

212

第1章　公開草案の適用準備における実務上の論点

・流動比率（流動資産/流動負債）

　経営管理指標として、これらの数値や指標を使用していた場合には、経営計画や経営管理方針の見直しが必要になることも考えられる。また、負債比率や自己資本比率への影響により、資金調達や財務制限条項（コベナンツ）指標等への影響も考えられる。

　このような経営への影響も考慮した上で、会計基準の適用方針を決定することが考えられる。例えば、短期リース及び少額リースに関する簡便的な取扱い（第1部第7章参照）の適用によるオフバランス処理の採用や、リースを構成する部分とリースを構成しない部分を含む契約に係る会計処理について、全体をリースとして処理する例外処理（公開草案会計基準第27項）の採用範囲を縮小して、原則的な方法を採用する範囲を拡大することも考えられる。

　また、これらの影響を受ける数値や指標が、経営管理指標や予算管理方法に関係する場合には、企業の事業目的や経営戦略に照らして、従来オフバランス処理していたリースの取扱いも含めて、経営管理や予算管理の方法を見直す必要があるかどうかを検討することも考えられる。

⑵　借手における内部管理体制の見直しに関して、実務上検討すべきポイントにどのようなものがあるか？

　借手における公開草案の適用により、多くの企業において、リースの識別、リースの会計処理、リースの事後変動の管理、リースの契約管理や物件管理等に対応する業務プロセス及び内部統制の構築について検討されることが想定される。

　業務プロセスに関しては、企業が定めた会計処理や経営管理の方針に基づき、例えば、以下のような業務プロセスの構築が必要になる可能性がある。

・契約締結時に契約にリースが含まれるかどうかを判断するプロセス
・リースを含む契約においてリースと非リースを区分するプロセス
・リースの会計処理に必要なリース期間やリース料、割引率等を決定するプロセス

・利息法計算に基づくリース負債の測定を毎期継続して正確に実行するプロセス
・使用権資産への固定資産の減損会計の適用を行うプロセス
・リース開始日後における契約条件等の変更に対応するプロセス
・リースを漏れなく正確に継続管理できるための管理台帳の整備
・契約書及び契約情報の保存及び更新管理
・リースの管理台帳に基づくリース物件の現物管理
・企業の経営管理方針に基づくリースに係る予算管理

　内部統制に関しては、企業における事業目的や経営方針、財務報告目的等に照らしてリスクを識別評価し、リスクに対応した内部統制を構築する必要がある。リスクは各企業の状況によって異なるが、例えば、以下のようなリスクが内部統制上対応が必要となるリスクとして識別される可能性がある。
・リースの識別が漏れるリスク
・リースと非リースの配分計算を誤るリスク
・リース期間の判断を誤るリスク
・割引率の決定を誤るリスク
・利息法によるリース負債の現在価値の計算を誤るリスク
・リース管理台帳において、リース物件と紐づけられない資産が計上されるリスク
・リース管理台帳において、リース物件の登録が漏れるリスク
・リース開始日後における契約条件等の変更に係る会計処理が漏れるリスク
・リースに関する経営管理指標について、必要な情報が適時に正確に伝達されず、企業が定めた経営管理方針に沿った管理が行われないリスク

　内部統制の構築に関しては、各企業において識別されたリスクに対応して、どのようなルールを整備し、どのような組織体制や人員配置で対応していくべきか等を、ルールの文書化、人材育成方針の決定、システムの機能強化の要否等と併せて検討していく必要がある。

第1章　公開草案の適用準備における実務上の論点

　公開草案における借手のリースの会計処理については、大量のリースに関する契約データを継続的に取り扱う必要性が生じる可能性があり、原則として割引率に基づく利息法計算を必要とすることから、会計処理の正確性や網羅性を確保するため、システムの導入や機能強化が必要になる可能性がある。

第2部　公開草案の適用に関する実務上の論点

第2章 公開草案の適用に係る実務上の会計論点

1 借手の論点

⑴　リースを構成する部分とリースを構成しない部分を含む契約の会計処理を検討する場合の実務上の留意事項は何か？

　リースを構成する部分とリースを構成しない部分を含む契約に係る会計処理について、公開草案会計基準第26項では、原則としてリースを構成する部分とリースを構成しない部分とに分けて会計処理を行う必要があると定められている。一方で、全体をリースとして処理する例外処理が公開草案会計基準第27項で認められているため、実務上、この例外処理を採用するかどうかが論点になる。

　この例外処理を採用することにより、リースを構成する部分とリースを構成しない部分とに分けて会計処理を行うコストと複雑性を低減することができるというメリットが想定される。しかし、この例外処理を採用することにより、使用権資産及びリース負債が大きく増加する等、財務指標や経営管理指標に重要な影響を与える場合があるため、このデメリットとメリットとを比較した上で、例外処理の採否を決定することが実務上の論点として考えられる。

　また、この例外処理は、対応する原資産を自ら所有していたと仮定した場合に貸借対照表において表示するであろう科目ごとに選択することができるため、当該科目単位ごとに、例外処理の採否を検討する必要がある点にも留意が必要である。

　次に、リースを構成する部分とリースを構成しない部分とに分けて、原則的な会計処理を行う場合、契約における対価の金額を、リースを構成する部分とリースを構成しない部分とに、それぞれの部分の独立価格の比率に基づいて配分する必要があるが、この独立価格をどのように見積るかが実務上の論点になる。独立価格の見積り方法については、公開草案適用指針第BC16項（「BC」は、公開草案適用指針における結論の背景を意味する。以下同じ。）に以下の方法が示されている。

216

第2章　公開草案の適用に係る実務上の会計論点

- 貸手又は類似のサプライヤーが当該構成部分又は類似の構成部分について企業に個々に請求するであろう価格に基づいて算定する。
- 借手においてリースを構成する部分とリースを構成しない部分の独立価格が明らかでない場合、借手は、観察可能な情報を最大限に利用して、独立価格を合理的な方法で見積る。

　貸手又は類似のサプライヤーによる価格付けに関する情報が入手できればよいが、そうでない場合、観察可能な情報を最大限に利用して、独立価格を合理的な方法で見積る必要がある。独立価格の見積り方法としては、コストアプローチ、マーケットアプローチ等が考えられるが、観察可能な情報を最大限に利用して合理的な方法で見積る必要がある。

　また、借手においては、契約における対価の中に、借手に財又はサービスを移転しない活動及びコストについて借手が支払う金額が含まれる場合に、当該金額を契約における対価の一部としてリースを構成する部分とリースを構成しない部分とに配分する方法のみが定められている。つまり、借手は、固定資産税及び保険料の金額を把握していたとしても、これを対価から控除することはしない点に注意が必要である（公開草案適用指針第BC17項、公開草案設例7）。

(2) 延長オプションや解約オプションのあるリースのリース期間を見積る場合の「合理的に確実」とはどの程度の確度を意味するのか？

　借手のリース期間は、公開草案会計基準第14項において、借手が原資産を使用する権利を有する解約不能期間に、次の両方を加えた期間をいうと定められている。

・借手が行使することが合理的に確実であるリースの延長オプションの対象期間
・借手が行使しないことが合理的に確実であるリースの解約オプションの対象期間

　リース期間の考え方を図に示すと下記の通りである。解約不能期間が5年である場合に、借手が行使することが合理的に確実であるリースの延長オプショ

217

第2部　公開草案の適用に関する実務上の論点

ンの対象期間又は借手が行使しないことが合理的に確実であるリースの解約オプションの対象期間が3年である場合、リース期間はそれぞれ8年と判断される。

図表2-7　リース期間の考え方

| 解約不能期間5年 | 延長期間3年
＊延長することが合理的に確実な場合 | リース期間　8年 |
| 解約不能期間5年 | 解約可能期間3年
＊解約しないことが合理的に確実な場合 | リース期間　8年 |

　ここで、実務上、「合理的に確実」とはどの程度の確度を意味するのかが論点になるが、公開草案適用指針第BC22項において、次の通り米国会計基準における記載が示されている。

　なお、IFRS第16号には「合理的に確実」に関する具体的な閾値の記載はないが、米国会計基準会計基準更新書第2016-02号「リース（Topic 842）」では、「合理的に確実」が高い閾値であることを記載した上で、米国会計基準の文脈として発生する可能性の方が発生しない可能性より高いこと（more likely than not）よりは高いが、ほぼ確実（virtually certain）よりは低いであろうことが記載されている。

⑶　オフィスや店舗用等不動産に関連する不動産リースのリース期間を判断する場合に過去のリース期間の実績はどの程度まで参考にしてよいか？
　オフィスや店舗用等不動産に関連する不動産リースの借手におけるリース期間の判断には、困難が伴うとされ、比較的容易に客観的なデータとして収集できる過去のリース期間の実績をどの程度までリース期間の決定における見積りの参考にしてよいかは、実務上論点になる。
　この点、公開草案適用指針第BC26項において、次の考え方が示されている。

218

第2章　公開草案の適用に係る実務上の会計論点

> 借手が特定の種類の資産を通常使用してきた過去の慣行及び経済的理由が、借手のオプションの行使可能性を評価する上で有用な情報を提供する可能性がある。ただし、一概に過去の慣行に重きを置いてオプションの行使可能性を判断することを要求するものではなく、将来の見積りに焦点を当てる必要がある。合理的に確実か否かの判断は、諸要因を総合的に勘案して行うことに留意する必要がある。

　合理的に確実か否かの判断は、将来の見積りに焦点を当てて、諸要因を総合的に勘案して行うことが必要であり、公開草案適用指針第15項に示されている経済的インセンティブを生じさせる要因等に基づき判断する必要がある（第1部第3章参照）。過去のリース期間の実績は、借手が特定の資産を通常使用してきた過去の慣行及び経済的理由として、借手のオプションの行使可能性を評価する上で有用な情報を提供する可能性はあるものの、必ずしも過去のリース期間の実績のみに基づいてリース期間を判断することはできないと考えられる。

⑷　**短期リースや少額資産に係る簡便的な取扱いの適用可否を判断する際に参照する借手のリース期間及び借手のリース料は、延長又は解約オプション考慮後のリース期間である必要があるか？**

　短期リース（リース開始日に借手のリース期間が12か月以内のリース）及びリース契約1件あたりのリース料総額が300万円以下のリースについて、簡便的な取扱いを適用する場合における借手のリース期間及び借手のリース料は、借手が行使することが合理的に確実であるリースの延長オプションの対象期間及び借手が行使しないことが合理的に確実であるリースの解約オプションの対象期間を解約不能期間に加えた期間で判定する必要がある。

　したがって、3か月前に解約予告すれば解約できるような不動産賃借契約や、毎年自動更新となっていて解約不能期間が12か月以内となっているリース契約について、延長オプション又は解約オプションの対象期間を考慮せず、短期リースの簡便的な取扱いを適用することはできない点について、注意が必要である。

　また、従来の基準では、少額リースに関する簡便的な取扱いは所有権移転外

219

第2部　公開草案の適用に関する実務上の論点

ファイナンス・リース取引に係る売買処理について認められ、解約不能期間にかかるリース料総額に基づき判定されてきたが、公開草案における少額リースの簡便的な取扱いでは、すべてのリースが対象となり、借手のリース期間における借手のリース料（公開草案会計基準第17項）に基づいて判定する必要がある。このことから、従来の基準とは判定方法に差異が生じることになるため、実務上注意が必要である。

　なお、公開草案では、少額リースの簡便的な取扱いについて、リース1件ごとに原資産の価値が新品時におよそ5千米ドル以下のリースに適用する方法も認められている（第1部第7章参照）。

⑸　**従来の基準では再リース期間を借手のリース期間に含めていなかったが、公開草案では含める必要があるか？**

　従来の基準では、借手のリース期間は「合意された期間」であるとして、当該リース取引がおかれている状況からみて借手が再リースを行う意思が明らかな場合を除き、再リース期間は解約不能のリース期間に含めないと定めており、延長又は解約オプションの具体的な取扱いには触れておらず、契約上の「解約不能期間」が実質的な「リース期間」となることが一般的であった（第1部第3章 **1** 参照）。

　しかし、公開草案における借手のリース期間については、解約不能期間に加えて、借手が行使することが合理的に確実であるリースの延長オプションの対象期間及び借手が行使しないことが合理的に確実であるリースの解約オプションの対象期間をリース期間に反映する必要がある。

　そのため、借手が延長オプション（再リースの権利を含む）を行使することが合理的に確実であるかどうかを判定した結果、合理的に確実であると判断された場合には、延長オプションの期間を借手のリース期間に反映することになる。

⑹　**フリーレント期間のある賃料やステップアップ賃料は、変動リース料に含まれるのか？**

　借手のリース料は、借手が借手のリース期間中に原資産を使用する権利に関

第2章　公開草案の適用に係る実務上の会計論点

して行う貸手に対する支払であり、次の(i)から(v)の支払で構成される（第1部第5章 **3** 参照）。

(i)　借手の固定リース料

(ii)　指数又はレートに応じて決まる借手の変動リース料

(iii)　残価保証に係る借手による支払見込額

(iv)　借手が行使することが合理的に確実である購入オプションの行使価額

(v)　リースの解約に対する違約金の借手による支払額（借手のリース期間に借手による解約オプションの行使を反映している場合）

　リース契約にフリーレント（契約開始当初数か月間賃料が無償となる契約）やレントホリデー（賃料無料期間を分割させる制度で、賃料が無償の期間を契約期間内で分散させることが可能な制度）、ステップアップ賃料（時の経過に応じて賃料が段階的に上昇する契約）が設定されている場合であっても、リース開始日において支払う義務のあるリース料は固定化されているものであることから、変動リース料には該当せず、リース料を構成するものとして会計処理を行うことになる。

⑺　借手において、リース開始日にリース期間に含めていなかった再リースを実行した場合、リース期間の変更として会計処理する必要があるか？

　借手は、リースの契約条件の変更が生じていない場合で、延長オプションの行使等により借手の解約不能期間に変更が生じた場合、借手のリース期間を変更し、リース負債の計上額の見直しを行うとされている（第1部第9章 **2** 参照）。

　一方、再リースについては、公開草案適用指針第49項において、再リースを当初のリースとは独立したリースとして会計処理を行うことができるという以下の規定が設けられている。

　借手は、リース開始日及び直近のリースの契約条件の変更の発効日において再リースに係るリース期間（以下「再リース期間」という。）を借手のリース期間に含めないことを決定した場合、会計基準第39項及び第40項に関わらず、再リースを当初のリースとは独立したリースとして会計処理を行うことができる。

221

第2部　公開草案の適用に関する実務上の論点

これは、従来の基準において、再リース期間をリース資産の耐用年数に含めない場合の再リース料は、原則として、発生時の費用として処理する取扱いを定めていた取扱いを引き続き設けることにより、国際的な比較可能性を大きく損なわせずに、財務諸表作成者の追加的な負担を減らすことができると考えられたためである（公開草案適用指針第BC70項）。

⑻　使用権資産への固定資産の減損会計の適用にかかる実務上の留意事項として何があるか？

使用権資産の減損に関しては、公開草案の適用初年度の期首時点の使用権資産に「固定資産の減損に係る会計基準」（平成14年8月　企業会計審議会）を適用すると定められている（公開草案適用指針第117項）。

そのため、実務上は、適用初年度の前期末時点において減損会計の適用に関して使用された重要な仮定やデータ等と整合する形で、適用初年度の期首における使用権資産を含む場合における減損会計の適用を検討することがポイントの一つとして考えられる。

固定資産の減損会計の適用にあたっては、使用権資産を含む場合における資産のグルーピングの方法、兆候判定、認識・測定の方法をあらかじめ検討し、減損会計の適用に係る会計方針や業務プロセスについて必要な変更点を洗い出した上で、文書化や企業内周知等の対応を含め事前に適切な内部統制を構築しておく必要がある。会計監査を受けている場合には、使用権資産への減損会計の適用結果だけではなく、減損会計の適用に係る会計方針や内部統制の有効性についても、事前に協議しておくことも実務上留意すべきポイントとして考えられる。

なお、企業会計基準適用指針公開草案第74号「固定資産の減損に係る会計基準の適用指針（案）」では、短期リース又は少額リースに関する簡便的な取扱いを適用しているリースに係る使用権資産は減損会計基準の対象とはしないとされている。

第2章　公開草案の適用に係る実務上の会計論点

⑼　**使用権資産に関連する資産除去債務に対応する資産は、使用権資産の帳簿価額に加える必要があるか？**

　公開草案適用指針において、使用権資産に関連する資産除去債務を負債として計上する場合、当該負債の計上額と同額を使用権資産の帳簿価額に加えると定められている（公開草案適用指針第25項）。

　借手は、企業会計基準第18号「資産除去債務に関する会計基準」（以下「資産除去債務会計基準」という。）第7項に従い、資産除去債務を負債として計上する場合の関連する有形固定資産が使用権資産であるとき、当該負債の計上額と同額を当該使用権資産の帳簿価額に加える。

　なお、リースに関連して敷金が資産計上されている場合には、敷金の回収が最終的に見込めないと認められる金額を合理的に見積り、そのうち当期の負担に属する金額を費用に計上する方法によることもできるとされている（公開草案適用指針第32項）。

2 　貸手の論点

⑴　**公開草案の適用に伴い、リース業における金融型割賦及び販売型割賦に含まれる金利部分の割賦基準による会計処理も廃止されるのか？**

　公開草案と同日に業種別監査委員会報告第19号「リース業における金融商品会計基準適用に関する当面の会計上及び監査上の取扱い」に係る改正案が日本公認会計士協会から公表されており、当該改正案においては、リース業における金融型割賦及び販売型割賦に含まれる金利部分の割賦基準による会計処理は廃止され、利息法により計上することとされている。

　適用時期についても公開草案と同じ連結会計年度及び事業年度とされており、適用初年度の期首より前に新たな会計方針を遡及適用した場合の適用初年度の累積的影響額を、適用初年度の期首の利益剰余金に加減し、当該期首残高から新たな会計方針を適用することができる経過措置も設けられている。

223

第2部　公開草案の適用に関する実務上の論点

⑵　公開草案において、再リース率が高い場合の貸手のリース期間はどのように考えればよいか？

　公開草案における貸手のリース期間は、従来の基準における解約不能のリース期間の取扱いから基本的に変更はなく、借手が原資産を使用する権利を有する解約不能期間に、リースがおかれている状況からみて借手が再リースする意思が明らかな場合の再リース期間を加えて決定するとされている（公開草案会計基準第30項）。

　一方で、借手のリース期間は、借手が原資産を使用する権利を有する解約不能期間に、借手が行使することが合理的に確実であるリースの延長オプションの対象期間及び借手が行使しないことが合理的に確実であるリースの解約オプションの対象期間を加えて決定するため、同一のリースについて、借手が決定した借手のリース期間と貸手が決定した貸手のリース期間が異なる場合があることも想定される。

⑶　フリーレント期間のある賃料やステップアップ賃料が含まれるオペレーティング・リースにおける貸手のリース料の会計処理はどうなるか？

　公開草案において、オペレーティング・リースによる貸手のリース料については、貸手のリース期間にわたり原則として定額法で計上することが明確に定められた。

　このことから、フリーレント（契約開始当初数か月間賃料が無償となる契約）やレントホリデー（賃料無料期間を分割させる制度で、賃料が無償の期間を契約期間内で分散させることが可能な制度）、ステップアップ賃料（時の経過に応じて賃料が段階的に上昇する契約）等が設定されているオペレーティング・リースにおける貸手の会計処理についても、貸手のリース期間にわたり原則として定額法で計上する必要がある。

　この点、従来の基準では貸手のオペレーティング・リース取引の会計処理について、明確に示されていなかったため、実務に多様性が生じていたことから、企業によっては、貸手の収益認識方法に変更が生じる可能性がある。

　なお、基準化された公開草案の適用初年度の経過措置として、公開草案適用

224

第2章　公開草案の適用に係る実務上の会計論点

指針第114項ただし書きの方法を選択する貸手は、従来の基準においてオペレーティング・リースに分類していたリースについて、適用初年度の期首に締結された新たなリースとして、公開草案を適用することができる。これにより、貸手は、対象のオペレーティング・リースについて適用初年度の期首時点より前にフリーレント期間が終了しており当該時点以降のリース期間においては定額のリース料が発生する場合、遡及してリース収益の修正を行うことは不要になる（第1部第13章 **3** 参照）。

225

著者紹介

井上　雅彦
（いのうえ　まさひこ）

公認会計士　（公社）日本証券アナリスト協会検定会員
1962年生まれ、1986年一橋大学商学部卒業。保険会社を経て1988年中央監査法人入所、1999年より中央青山監査法人パートナー、現在有限責任監査法人トーマツパートナー。これまで、日本公認会計士協会公的年金専門部会専門委員、同協会業種別監査委員会委員、同協会厚生年金基金理事、同協会基金特別プロジェクト専門委員及び運営委員、非営利法人委員会農業協同組合専門部会専門委員等を歴任。

〈主な著書〉

単著
『事業再編に伴う退職給付制度の設計と会計実務』（中央経済社　日本公認会計士協会第35回学術賞（会員特別賞）受賞）
『キーワードでわかる退職給付会計（三訂増補版）』（税務研究会出版局）
『キーワードでわかるリースの法律・会計・税務（第5版）』（税務研究会出版局）
『Q&A リースの会計・税務（第3版）』（日本経済新聞社）
『この1冊でわかるリースの税務・会計・法律』（中経出版）
『退職給付会計実務の手引き（第2版）』（税務経理協会）
『リース会計実務の手引き（第2版）』（税務経理協会）
『改正リース会計の手引き（公開草案対応版）』（税務経理協会）

編著・監修
『会計用語辞典』（編著、日本経済新聞社）
『できる支店長になるための7つの方法（農協の支店長が果たすべき役割）』（編著、きんざい）
『金融機関のための農業ビジネスの基本と取引のポイント（第2版）』（監修、経済法令研究会）
『JA職員のための融資・査定・経営相談に活かす決算書の読み方』（監修、経済法令研究会）
『相続相談ができる農協職員になるための7つのステップ』（監修、全国共同出版）
『実務に役立つJA会計ハンドブック』（監修、全国共同出版）
『できる副支店長になるための7つのステップ（強い支店には優秀なNO.2がいる）』（監修、全国共同出版）

共著

『退職給付債務の算定方法の選択とインパクト』（2人共著：中央経済社）

『退職給付制度見直しの会計実務（第2版)』（2人共著：中央経済社）

『新しい退職給付制度の設計と会計実務』（2人共著：日本経済新聞社）

『Q&Aリース・ノンバンクファイナンス取引の実務』（2人共著：日本経済新聞出版社）

『退職給付会計の実務Q&A』（2人共著：税務研究会出版局）

分担執筆

『企業年金の会計と税務』（日本経済新聞社）

『詳解 退職給付会計の実務』（中央経済社）

『連結財務諸表の作成実務』（中央経済社）

『有価証券報告書の記載実務』（中央経済社）

『公会計・監査用語辞典』（ぎょうせい）

『Q&A企業再構築の実務』（新日本法規出版）

藤井　義大

（ふじい　よしひろ）

公認会計士　現在、有限責任監査法人トーマツ　パートナー

灘中学校・灘高等学校を卒業後、東京大学理科I類に入学

東京大学工学部卒業

東京大学大学院理学系研究科後期博士課程中退

愛知県庁勤務を経て、監査法人トーマツ（現 有限責任監査法人トーマツ）入社

リース業を中心に金融業、専門商社、製造業、小売業等の監査業務に従事

その他、IFRS導入支援業務、内部統制構築支援業務等のコンサルティング業務にも従事

現在、リース・クレジットセクターにおいてリースセクターリーダーを担当

〈主な著書〉

『これでわかるリース取引』（共著／執筆責任者：みずほ総合研究所（現 みずほリサーチ＆テクノロジーズ))

『Q&A業種別会計実務・10 リース』（共著／執筆責任者：中央経済社）

『ビジネスと経営のためのロジカルシンキングとしての弁証法・認識論』（単著：日本橋出版／ディスカヴァー・トゥエンティワン）

本書の内容に関するご質問は、税務研究会ホームページのお問い合わせフォーム（https://www.zeiken.co.jp/contact/request/）よりお願い致します。なお、個別のご相談は受け付けておりません。

本書刊行後に追加・修正事項がある場合は、随時、当社のホームページ（https://www.zeiken.co.jp）にてお知らせ致します。

公開草案から読み解く
新リース会計基準（案）の実務対応

令和5年11月15日　初版第1刷印刷　　　　　　　　　　　　（著者承認検印省略）
令和5年11月25日　初版第1刷発行

Ⓒ　著　者　　井　上　雅　彦

　　　　　　　藤　井　義　大

　　発行所　　税 務 研 究 会 出 版 局

　　代表者　　山　　根　　　　毅

郵便番号 100-0005
東京都千代田区丸の内 1-8-2 鉄鋼ビルディング

https://www.zeiken.co.jp

乱丁・落丁の場合は、お取替え致します。　　　　印刷・製本　東日本印刷株式会社

ISBN 978-4-7931-2797-7